APRENDER JUNTOS

1º ANO

GEOGRAFIA E HISTÓRIA

ENSINO FUNDAMENTAL

MÔNICA LUNGOV
RAQUEL DOS SANTOS FUNARI

Organizadora: SM Educação
Obra coletiva concebida, desenvolvida e produzida por SM Educação.

São Paulo, 1ª edição, 2021

Aprender Juntos Geografia e História 1º ano
© SM Educação
Todos os direitos reservados

Direção editorial Cláudia Carvalho Neves
Gerência editorial Lia Monguilhott Bezerra
Gerência de *design* e produção André Monteiro
Edição executiva Valéria Vaz
Edição: Gabriel Careta, Jéssica Vieira de Faria, Kenya Jeniffer Marcon
Suporte editorial: Fernanda de Araújo Fortunato
Coordenação de preparação e revisão Cláudia Rodrigues do Espírito Santo
Preparação: Rosinei Aparecida Rodrigues Araujo, Vera Lúcia Rocha
Revisão: Andrea Vidal
Apoio de equipe: Beatriz Nascimento, Maria Clara Loureiro
Coordenação de design Gilciane Munhoz
***Design*:** Thatiana Kalaes, Lissa Sakajiri
Coordenação de arte Andressa Fiorio
Edição de arte: João Negreiros
Assistência de arte: Gabriela Rodrigues Vieira
Assistência de produção: Leslie Morais
Coordenação de iconografia Josiane Laurentino
Pesquisa iconográfica: Mariana Sampaio
Tratamento de imagem: Marcelo Casaro
Capa APIS Design
Ilustração da capa: Henrique Mantovani Petrus
Projeto gráfico APIS Design
Editoração eletrônica Essencial Design
Cartografia João Miguel A. Moreira
Pré-impressão Américo Jesus
Fabricação Alexander Maeda
Impressão Meta Brasil

Em respeito ao meio ambiente, as folhas deste livro foram produzidas com fibras obtidas de árvores de florestas plantadas, com origem certificada.

Dados Internacionais de Catalogação na Publicação (CIP)
(Câmara Brasileira do Livro, SP, Brasil)

Lungov, Mônica
  Aprender juntos geografia e história, 1º ano : ensino fundamental : anos iniciais / Mônica Lungov, Raquel dos Santos Funari ; editora responsável Valéria Vaz ; organizadora SM Educação ; obra coletiva concebida, desenvolvida e produzida por SM Educação. - 1. ed. - São Paulo : Edições SM, 2021. - (Aprender juntos)

  "Área do conhecimento: Ciências humanas"
  ISBN 978-65-5744-384-2 (aluno)
  ISBN 978-65-5744-385-9 (professor)

  1. Geografia (Ensino fundamental) 2. História (Ensino fundamental) I. Funari, Raquel dos Santos. II. Vaz, Valéria. III. Título. IV. Série.

21-69412 CDD-372.89

Índices para catálogo sistemático:

1. Geografia e história : Ensino fundamental 372.89

Cibele Maria Dias — Bibliotecária — CRB-8/9427

1ª edição, 2021
2ª impressão, setembro 2023

SM Educação
Rua Cenno Sbrighi, 25 – Edifício West Tower n. 45 – 1º andar
Água Branca 05036-010 São Paulo SP Brasil
Tel. 11 2111-7400
atendimento@grupo-sm.com
www.grupo-sm.com/br

APRESENTAÇÃO

QUERIDO ESTUDANTE, QUERIDA ESTUDANTE,

ESTE LIVRO FOI CUIDADOSAMENTE PENSADO PARA AJUDAR VOCÊ A CONSTRUIR UMA APRENDIZAGEM CHEIA DE SIGNIFICADOS, QUE LHE SEJA ÚTIL NÃO SOMENTE HOJE, MAS TAMBÉM NO FUTURO. NELE, VOCÊ VAI ENCONTRAR INCENTIVO PARA CRIAR, EXPRESSAR IDEIAS E PENSAMENTOS, REFLETIR SOBRE O QUE APRENDE E TROCAR EXPERIÊNCIAS E CONHECIMENTOS.

OS TEMAS, OS TEXTOS, AS IMAGENS E AS ATIVIDADES PROPOSTOS POSSIBILITAM O DESENVOLVIMENTO DE COMPETÊNCIAS E HABILIDADES FUNDAMENTAIS PARA VIVER EM SOCIEDADE. TAMBÉM AJUDAM VOCÊ A LIDAR COM SUAS EMOÇÕES, DEMONSTRAR EMPATIA, ALCANÇAR OBJETIVOS, MANTER RELAÇÕES SOCIAIS POSITIVAS E TOMAR DECISÕES DE MANEIRA RESPONSÁVEL. AQUI, VOCÊ VAI ENCONTRAR OPORTUNIDADES VALIOSAS PARA SE DESENVOLVER COMO CIDADÃO OU CIDADÃ.

ACREDITAMOS QUE É POR MEIO DE ATITUDES POSITIVAS E CONSTRUTIVAS QUE SE CONQUISTAM AUTONOMIA E CAPACIDADE PARA TOMAR DECISÕES ACERTADAS, RESOLVER PROBLEMAS E SUPERAR CONFLITOS.

ESPERAMOS QUE ESTE MATERIAL CONTRIBUA PARA SEU DESENVOLVIMENTO E PARA SUA FORMAÇÃO.

BONS ESTUDOS!

EQUIPE EDITORIAL

CONHEÇA SEU LIVRO

CONHECER SEU LIVRO DIDÁTICO VAI AJUDAR VOCÊ A APROVEITAR MELHOR AS OPORTUNIDADES DE APRENDIZAGEM. ESTE VOLUME CONTÉM OITO CAPÍTULOS. VEJA COMO CADA CAPÍTULO ESTÁ ORGANIZADO.

ABERTURA DO LIVRO

BOAS-VINDAS!

VAMOS VER O QUE VOCÊ JÁ CONHECE SOBRE OS TEMAS QUE VÃO SER ESTUDADOS NESTE LIVRO.

ABERTURA DE CAPÍTULO

UMA DUPLA DE PÁGINAS MARCA O INÍCIO DE CADA CAPÍTULO. NELA, IMAGENS VARIADAS E ATIVIDADES VÃO LEVAR VOCÊ A PENSAR E A CONVERSAR SOBRE OS TEMAS QUE VÃO SER DESENVOLVIDOS AO LONGO DO CAPÍTULO.

DESENVOLVIMENTO DO ASSUNTO

OS TEXTOS, AS IMAGENS E AS ATIVIDADES DESTAS PÁGINAS PERMITIRÃO QUE VOCÊ COMPREENDA O CONTEÚDO QUE ESTÁ SENDO APRESENTADO.

GLOSSÁRIO

AO LONGO DO LIVRO, VOCÊ VAI ENCONTRAR BREVES EXPLICAÇÕES SOBRE ALGUMAS PALAVRAS E EXPRESSÕES QUE TALVEZ VOCÊ NÃO CONHEÇA.

REGISTROS

NESTA SEÇÃO, VOCÊ VAI IDENTIFICAR E ANALISAR DIFERENTES TIPOS DE REGISTROS HISTÓRICOS E REFLETIR SOBRE ELES.

PARA EXPLORAR

SUGESTÕES DE SITES, FILMES, LIVROS E OUTRAS DICAS QUE VÃO AMPLIAR E APROFUNDAR OS CONTEÚDOS ESTUDADOS.

REPRESENTAÇÕES

COM OS TEXTOS E AS ATIVIDADES DESTA SEÇÃO, VOCÊ VAI APRENDER A LER, A INTERPRETAR E A ELABORAR REPRESENTAÇÕES DO MUNDO À SUA VOLTA.

FINALIZANDO O CAPÍTULO

NO FIM DOS CAPÍTULOS, HÁ SEÇÕES QUE BUSCAM AMPLIAR SEUS CONHECIMENTOS SOBRE A LEITURA DE IMAGENS, A DIVERSIDADE CULTURAL, ALÉM DE VERIFICAR OS CONTEÚDOS ABORDADOS NO CAPÍTULO.

NA SEÇÃO **PESSOAS E LUGARES**, VOCÊ VAI CONHECER ALGUMAS CARACTERÍSTICAS CULTURAIS DE DIFERENTES COMUNIDADES.

A SEÇÃO **VAMOS LER IMAGENS!** PROPÕE A ANÁLISE DE UMA OU MAIS IMAGENS E TRAZ ATIVIDADES QUE VÃO AJUDAR VOCÊ A COMPREENDER DIFERENTES TIPOS DE IMAGEM.

AS ATIVIDADES DA SEÇÃO **APRENDER SEMPRE** SÃO UMA OPORTUNIDADE PARA VOCÊ VERIFICAR O QUE APRENDEU, ANALISAR OS ASSUNTOS ESTUDADOS EM CADA CAPÍTULO E REFLETIR SOBRE ELES.

FINALIZANDO O LIVRO

ATÉ BREVE!

ATIVIDADES NO FINAL DO LIVRO PARA VERIFICAR SUA APRENDIZAGEM E PARA VOCÊ REFLETIR SOBRE OS TEMAS ESTUDADOS AO LONGO DO ANO.

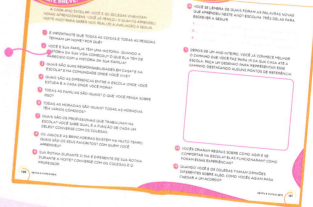

ÍCONES USADOS NO LIVRO

 ATIVIDADE EM DUPLA

 ATIVIDADE EM GRUPO

 ATIVIDADE ORAL

 ATIVIDADE PARA CASA

 SABER SER
SINALIZA MOMENTOS PROPÍCIOS PARA O DESENVOLVIMENTO DE COMPETÊNCIAS SOCIOEMOCIONAIS.

 REPRESENTAÇÃO SEM PROPORÇÃO DE TAMANHO E/OU DISTÂNCIA ENTRE OS ELEMENTOS.

SUMÁRIO

BOAS-VINDAS! • 8

CAPÍTULO 1 — VOCÊ TEM NOME • 10

TUDO TEM NOME • 12
QUANTOS NOMES UMA PESSOA TEM? • 14
CERTIDÃO DE NASCIMENTO • 16
O NOME TAMBÉM TEM HISTÓRIA • 18
PESSOAS E LUGARES:
  O NOME DAS CRIANÇAS GUARANI KAIOWÁ • 20
APRENDER SEMPRE • 22

CAPÍTULO 2 — RECONHECENDO A FAMÍLIA • 24

MAS O QUE É FAMÍLIA? • 26
QUEM FAZ PARTE DA FAMÍLIA? • 28
REGISTROS:
  DOCUMENTOS PESSOAIS • 30
COMPARANDO AS FAMÍLIAS • 31
A IMPORTÂNCIA DAS PESSOAS MAIS VELHAS • 32
FESTAS E COMEMORAÇÕES • 34
OUTRAS ATIVIDADES DE LAZER • 35
PESSOAS E LUGARES:
  OS COSTUMES DAS FAMÍLIAS INUÍTES • 36
APRENDER SEMPRE • 38

CAPÍTULO 3 — MINHA ROTINA • 40

O DIA A DIA • 42
O TEMPO PASSA • 43
OS DIAS E AS NOITES • 44
O QUE É ROTINA? • 46
MANHÃ, TARDE E NOITE • 47
A SEMANA • 48
REPRESENTAÇÕES:
  LADO ESQUERDO E LADO DIREITO • 49
OS MESES DO ANO • 50
APRENDER SEMPRE • 52

CAPÍTULO 4 — ONDE EU MORO • 54

MORADIA: LUGAR DE CONVIVÊNCIA • 56
DIFERENTES MORADIAS • 58
OS CÔMODOS DA MORADIA • 60
MORADIAS SEM CÔMODOS • 62
REPRESENTAÇÕES:
  EM CIMA, EMBAIXO • 63
MANTENDO A ORGANIZAÇÃO • 64
REGISTROS:
  A ALIMENTAÇÃO • 65
APRENDER SEMPRE • 66

CAPÍTULO 5 — OS VIZINHOS E A VIZINHANÇA • 68

QUEM MORA PERTO? • 70
A VIZINHANÇA • 71
AS TRANSFORMAÇÕES DOS LUGARES • 72
MANEIRAS DE CONSTRUIR • 74
QUEM FAZ AS MORADIAS? • 76
PESSOAS E LUGARES:
  A MORADIA YANOMAMI • 78
APRENDER SEMPRE • 80

Ilustrações: Vanessa Alexandre/ID/BR

CAPÍTULO 7 — CAMINHOS PARA A ESCOLA — 98

- ANTES DE SAIR DE CASA • 100
- DIFERENTES CAMINHOS • 102
- O CAMINHO DE CASA PARA A ESCOLA • 103
- REPRESENTAÇÕES:
  - TRAJETO • 104
- A HORA DA ENTRADA • 105
- A ESCOLA TAMBÉM MUDA • 106
- PESSOAS E LUGARES:
  - BARCOS-ESCOLAS NO AMAZONAS • 108
- APRENDER SEMPRE • 110

CAPÍTULO 8 — DIFERENTES LUGARES, DIFERENTES PESSOAS — 112

- ESPAÇOS DE TODOS • 114
- REPRESENTAÇÕES:
  - DENTRO E FORA • 115
- AS REGRAS NOS ESPAÇOS PÚBLICOS • 116
- BRINCAR EM TODA PARTE • 118
- REGISTROS:
  - MEMÓRIA DE BRINCADEIRAS • 120
- BRINCAR EM SEGURANÇA • 121
- PESSOAS E LUGARES:
  - BRINCADEIRA: GANGORRA CAVALO CEGO • 122
- APRENDER SEMPRE • 124

CAPÍTULO 6 — A ESCOLA — 82

- AS AMIZADES • 84
- COMUNIDADE ESCOLAR • 86
- OS ESPAÇOS DA ESCOLA • 88
- O DIA A DIA NA ESCOLA • 90
- JOGOS E ATIVIDADES • 92
- REGISTROS:
  - DOMINÓ • 93
- VAMOS LER IMAGENS!:
  - CRACHÁ • 94
- APRENDER SEMPRE • 96

- ATÉ BREVE! • 126
- BIBLIOGRAFIA COMENTADA • 128

BOAS-VINDAS!

BEM-VINDO! VOCÊ VAI DAR INÍCIO AO PRIMEIRO ANO DO ENSINO FUNDAMENTAL! FAÇA AS ATIVIDADES A SEGUIR COM A AJUDA DO PROFESSOR E DOS COLEGAS DE TURMA. VAMOS LÁ!

1. VOCÊ SABE A HISTÓRIA DO SEU NOME? CONTE AOS COLEGAS E AO PROFESSOR.

2. COMO É SUA FAMÍLIA? ELA SEMPRE FOI DO JEITO QUE É AGORA? CONTE AO PROFESSOR E AOS COLEGAS.

3. QUE ATIVIDADES VOCÊ COSTUMA REALIZAR EM CASA? VOCÊ REALIZA AS MESMAS ATIVIDADES DE DIA E DE NOITE? O QUE É IGUAL E O QUE É DIFERENTE NESSES PERÍODOS?

4. VOCÊ ACHA QUE TODAS AS CASAS E TODAS AS MORADIAS SÃO IGUAIS? CONVERSE COM OS COLEGAS.

5. QUEM MORA PERTO DE VOCÊ? VOCÊ CONHECE SEUS VIZINHOS? COMO É SUA CONVIVÊNCIA COM ELES?

6. VOCÊ ACHA QUE, NA ESCOLA, VOCÊ VAI REALIZAR AS MESMAS COISAS QUE FAZ EM CASA? EXPLIQUE SUAS IDEIAS.

7. QUAL É SUA BRINCADEIRA FAVORITA? FAÇA UM DESENHO PARA MOSTRAR ESSA BRINCADEIRA.

8 QUAL É O SEU NOME? ESCREVA NO QUADRO A SEGUIR.

_____

9 COMO É A VIZINHANÇA MOSTRADA NESTA IMAGEM? CONTE QUANTAS CASAS HÁ NESTA RUA. DEPOIS, ANOTE COMO SOUBER O NÚMERO CORRESPONDENTE NO QUADRINHO.

10 EM ALGUNS MOMENTOS, VOCÊS VÃO PRECISAR CONSULTAR OS ADULTOS QUE CUIDAM DE VOCÊS PARA REALIZAR ALGUMAS ATIVIDADES. DE QUE MODO ESSA CONSULTA SERÁ FEITA? COMO VOCÊS PRETENDEM SE COMPORTAR NESSES MOMENTOS?

11 DURANTE ALGUMAS ATIVIDADES QUE VOCÊ E SEUS COLEGAS VÃO REALIZAR ESTE ANO, VOCÊS FARÃO ALGUNS REGISTROS, COMO ESCRITAS, DESENHOS E ATÉ FILMAGENS, DE ACORDO COM OS EQUIPAMENTOS DISPONÍVEIS.

A. VOCÊS SABEM QUE EQUIPAMENTOS SÃO ESSES? COMO VOCÊS PODEM USÁ-LOS?

B. COM QUAIS FUNCIONÁRIOS VOCÊS PRECISAM CONVERSAR PARA FAZER ISSO?

NOVE

CAPÍTULO 1

VOCÊ TEM NOME

TODAS AS PESSOAS TÊM UM NOME. OS OBJETOS E LUGARES TAMBÉM TÊM NOMES. VOCÊ JÁ SE PERGUNTOU PARA QUE SERVEM OS NOMES OU COMO ELES SÃO ESCOLHIDOS?

PARA COMEÇO DE CONVERSA

1. OBSERVE AS CRIANÇAS NESSA IMAGEM. O QUE ELAS ESTÃO FAZENDO? VOCÊ JÁ FEZ ISSO ALGUMA VEZ?

2. VOCÊ CONHECE A ORIGEM DE SEU NOME?

3. QUAIS SÃO OS NOMES DE SEUS COLEGAS DE TURMA? COM A ORIENTAÇÃO DO PROFESSOR, ANOTE ALGUNS NOMES.

4. EM SUA OPINIÃO, POR QUE AS PESSOAS TÊM NOMES DIFERENTES?

SABER SER

Lais Bicudo ID/BR

◀ CRIANÇAS ESCREVENDO SEUS NOMES NA SALA DE AULA.

TUDO TEM NOME

VOCÊ JÁ PERCEBEU QUE AS PESSOAS, OS LUGARES, OS ANIMAIS DE ESTIMAÇÃO E UMA PORÇÃO DE COISAS TÊM NOMES? AGORA, OUÇA O POEMA QUE O PROFESSOR VAI LER E CONVERSE COM OS COLEGAS SOBRE AS QUESTÕES.

POR QUE É QUE EU ME CHAMO ISSO
E NÃO AQUILO?
POR QUE QUE É QUE O JACARÉ
NÃO SE CHAMA CROCODILO?

EU NÃO GOSTO DO MEU NOME,
NÃO FUI EU QUEM ESCOLHEU. […]

QUANDO EU TIVER UM FILHINHO,
NÃO VOU PÔR NOME NENHUM.
QUANDO ELE FOR BEM GRANDE,
ELE QUE PROCURE UM!

PEDRO BANDEIRA. *CAVALGANDO O ARCO-ÍRIS*. SÃO PAULO: MODERNA, 2002. S.P.

1. A PESSOA DO POEMA GOSTA DO PRÓPRIO NOME?
2. O QUE A PESSOA DO POEMA VAI FAZER QUANDO TIVER UM FILHO?
3. VOCÊ GOSTA DO SEU NOME? VOCÊ SABE QUEM ESCOLHEU O SEU NOME?
4. EM SUA OPINIÃO, PARA QUE SERVE UM NOME?

PARA EXPLORAR

DE ONDE VÊM OS NOMES?, DE ILAN BRENMAN. ILUSTRAÇÕES DE MARIANA NEWLANDS. SÃO PAULO: EDITORA MODERNA, 2019.

O NOME FAZ PARTE DA IDENTIDADE DE UMA PESSOA. NESSE LIVRO, VOCÊ ENCONTRARÁ O SIGNIFICADO E A ORIGEM DE ALGUNS NOMES.

OS NOMES

O MUNICÍPIO ONDE VOCÊ MORA TEM NOME, ASSIM COMO A ESCOLA ONDE VOCÊ ESTUDA.

SEUS FAMILIARES, COLEGAS DE TURMA E PROFESSORES TAMBÉM TÊM NOME, ASSIM COMO OS OBJETOS AO SEU REDOR. VAMOS PENSAR SOBRE ESSES NOMES?

5 VOCÊ SABE ESCREVER SEU NOME? SE SOUBER, ANOTE SEU NOME A SEGUIR. SE NÃO SOUBER, O PROFESSOR VAI AJUDAR VOCÊ.

---

6 QUAIS SÃO OS NOMES DOS ADULTOS QUE FAZEM PARTE DE SUA FAMÍLIA? CONTE AOS COLEGAS.

7 QUAIS SÃO OS NOMES DOS OBJETOS QUE VOCÊ COSTUMA UTILIZAR NA ESCOLA? ESCOLHA QUATRO OBJETOS E DESENHE ESSES OBJETOS NO QUADRO.

- AGORA, CONTE AOS COLEGAS OS NOMES DOS OBJETOS QUE VOCÊ ESCOLHEU.

QUANTOS NOMES UMA PESSOA TEM?

OS NOMES DAS PESSOAS SÃO FORMADOS POR VÁRIAS PALAVRAS. ALÉM DO PRIMEIRO NOME, HÁ OS **SOBRENOMES**. ELES AJUDAM A IDENTIFICAR CADA PESSOA.

OBSERVE, AO LADO, O RETRATO DE UMA DAS FILHAS DE DOM PEDRO II, UM ANTIGO GOVERNANTE DO BRASIL.

O NOME COMPLETO DELA ERA ISABEL CRISTINA LEOPOLDINA AUGUSTA MICAELA GABRIELA RAFAELA GONZAGA DE BRAGANÇA E BOURBON.

▲ PRINCESA ISABEL AOS 5 ANOS DE IDADE. FOTO DE 1851.

1 NO TOTAL, QUANTOS NOMES E SOBRENOMES FORMAVAM O NOME COMPLETO DA PRINCESA ISABEL? MARQUE COM UM **X**.

☐ 2   ☐ 4   ☐ 6   ☐ 8   ☐ 10

2 QUANTOS NOMES E SOBRENOMES FORMAM SEU NOME?

☐ 1   ☐ 2   ☐ 3   ☐ 4   ☐ 5
☐ 6   ☐ 7   ☐ 8   ☐ 9   ☐ 10

3 NA TURMA, QUEM TEM O NOME MAIS LONGO E QUEM TEM O NOME MAIS CURTO? EM GRUPO, COMPLETEM A TABELA A SEGUIR.

NOME MAIS LONGO	NOME MAIS CURTO

4 NA TURMA, ALGUÉM TEM O NOME LONGO COMO O DA PRINCESA ISABEL? HOJE É COMUM AS PESSOAS TEREM NOMES TÃO LONGOS? CONVERSE COM OS COLEGAS.

OS APELIDOS

ALGUMAS PESSOAS SÃO CONHECIDAS POR UM APELIDO, QUE PODE SER UMA PARTE DO NOME DELAS. O APELIDO PODE SER AINDA UM MODO CARINHOSO DE CHAMAR ESSAS PESSOAS.

ISABEL CRISTINA LEOPOLDINA AUGUSTA MICAELA GABRIELA RAFAELA GONZAGA DE BRAGANÇA E BOURBON, POR EXEMPLO, ERA CHAMADA DE PRINCESA ISABEL.

OS ANIMAIS DE ESTIMAÇÃO TAMBÉM COSTUMAM TER APELIDOS. OUÇA O POEMA QUE O PROFESSOR VAI LER.

> NATÁLIA TEM CINCO GATINHAS MALHADAS:
> LAURA, LAIMA, LAKTA, LANA E LAÍS.
> NA CASA DA NATÁLIA É UM TAL DE LÁ, LÁ, LÁ, LÁ, LÁ O DIA INTEIRO.
> RABICHO DE GATO PRA CIMA E PRA BAIXO.
>
> RENATA BUENO. *NOME, SOBRENOME, APELIDO*. SÃO PAULO: COMPANHIA DAS LETRINHAS, 2010. P. 4.

5 LEIA O POEMA NOVAMENTE E RESPONDA ÀS QUESTÕES.

A. NO POEMA, CONTORNE DE **MARROM** OS NOMES DAS GATAS DE NATÁLIA.

B. AGORA, COM UM LÁPIS **VERDE**, CONTORNE OS APELIDOS DAS GATAS QUE ELA TEM.

C. EM SUA OPINIÃO, COMO NATÁLIA CRIOU OS APELIDOS DE SUAS GATAS?

D. POR QUE NA CASA ONDE NATÁLIA MORA "É UM TAL DE LÁ, LÁ, LÁ, LÁ, LÁ O DIA INTEIRO"? MARQUE COM UM **X**.

☐ PORQUE CADA GATA TEM UM APELIDO DIFERENTE.

☐ PORQUE AS CINCO GATAS TÊM O MESMO APELIDO.

E. VOCÊ TEM ALGUM APELIDO? JÁ APELIDOU ALGUÉM?

CERTIDÃO DE NASCIMENTO

AO NASCER, TODA CRIANÇA DEVE SER REGISTRADA.

O DOCUMENTO EM QUE SE FAZ O REGISTRO DE UM NASCIMENTO É CHAMADO **CERTIDÃO DE NASCIMENTO**.

ELA CONTÉM O NOME E O SOBRENOME DA CRIANÇA, O NOME COMPLETO DOS PAIS E DOS AVÓS DELA, O LOCAL E A DATA DE NASCIMENTO.

OBSERVE ESTA CERTIDÃO DE NASCIMENTO.

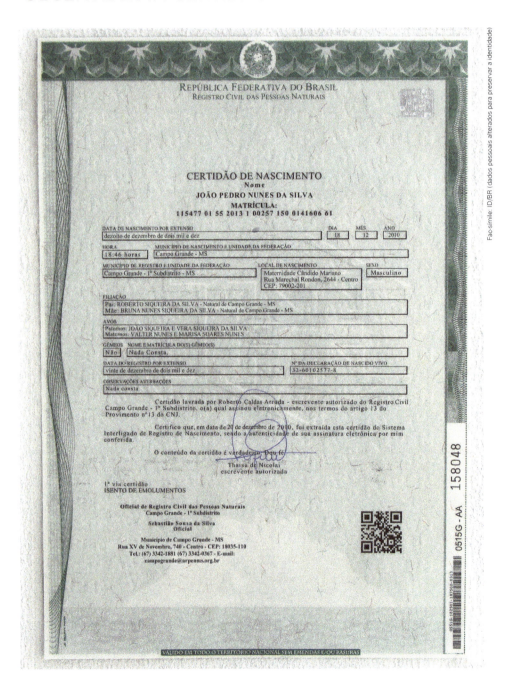

1 PEÇA A SEUS PAIS OU RESPONSÁVEIS QUE MOSTREM A VOCÊ A SUA CERTIDÃO DE NASCIMENTO. COPIE DE SUA CERTIDÃO:

A. O DIA, O MÊS, O ANO E A HORA EM QUE VOCÊ NASCEU.

_____

_____

B. O NOME COMPLETO DE SUA MÃE.

_____

_____

C. O NOME COMPLETO DE SEUS AVÓS.

_____

_____

_____

D. O MUNICÍPIO ONDE VOCÊ NASCEU.

_____

_____

2 CONVERSE COM AS PESSOAS DE SUA CASA SOBRE O DIA EM QUE VOCÊ PASSOU A FAZER PARTE DA FAMÍLIA. COMO PARTE DA SUA LIÇÃO DE CASA, PEÇA A ELAS QUE CONTEM ALGUNS FATOS DESSE DIA. DEPOIS, COMPARTILHE COM OS COLEGAS E O PROFESSOR.

3 TODA CRIANÇA TEM DIREITO A UM NOME E A UM SOBRENOME. POR QUE É IMPORTANTE REGISTRAR A CRIANÇA EM UM CARTÓRIO E FAZER SUA CERTIDÃO DE NASCIMENTO? CONVERSE COM OS COLEGAS E O PROFESSOR.

O NOME TAMBÉM TEM HISTÓRIA

JÁ IMAGINOU SE TODAS AS PESSOAS TIVESSEM O MESMO NOME? OU SE TODAS AS RUAS FOSSEM CHAMADAS DA MESMA FORMA? SERIA MUITO DIFÍCIL IDENTIFICAR CADA UMA. POR ISSO, QUANDO VOCÊ NASCEU, RECEBEU UM NOME. ELE É IMPORTANTE PARA QUE VOCÊ SEJA RECONHECIDO E IDENTIFICADO EM TODO LUGAR.

SEMPRE HÁ MOTIVOS PARA A ESCOLHA DOS NOMES. OUÇA A HISTÓRIA DO NOME DE KALUANA, QUE O PROFESSOR VAI LER.

SEMPRE GOSTEI DESSE MEU NOME "DIFERENTE". [...] MEUS PAIS, ELIZETE E ANTÔNIO [...], QUERIAM PRA MIM UM NOME INCOMUM. [...] MEUS PAIS ENTÃO RESOLVERAM PESQUISAR [...] ATÉ QUE ENCONTRARAM NUM LIVRO INDÍGENA, DE UM AMIGO DELES, O NOME KALUANA, QUE [...] SIGNIFICAVA "VIDA, ALEGRIA E ESPERTEZA".

▲ O NOME KALUANA É COMUM ENTRE OS INDÍGENAS TAPIRAPÉ, DE TOCANTINS E MATO GROSSO. NA FOTO, KALUANA AOS 11 ANOS, EM 1985.

RELATO DE KALUANA NUNES BERTOLUCI. MUSEU DA PESSOA, 21 SET. 2005. DISPONÍVEL EM: http://www.museudapessoa.net/pt/conteudo/historia/meu-nome-40353. ACESSO EM: 17 FEV. 2021.

1 PINTE DE ROXO OS QUADRINHOS COM AS RESPOSTAS CERTAS.

A. QUEM ESCOLHEU O NOME DE KALUANA?

☐ A AVÓ PATERNA DELA.   ☐ O PAI E A MÃE DELA.

B. QUAL É A ORIGEM DO NOME **KALUANA**?

☐ AFRICANA   ☐ INDÍGENA

A HISTÓRIA DO SEU NOME

COM UMA PESQUISA, É POSSÍVEL DESCOBRIR ALGUMAS INFORMAÇÕES SOBRE SEU NOME. VAMOS LÁ?

2 ANOTE SEU NOME NO QUADRO ABAIXO.

3 CONVERSE COM OS ADULTOS DE SUA FAMÍLIA E DESCUBRA QUEM ESCOLHEU SEU NOME. PERGUNTE A ELES POR QUE ESSE NOME FOI ESCOLHIDO E SE ELES SABEM A ORIGEM E O SIGNIFICADO DELE.

4 FAÇA UM DESENHO SOBRE A HISTÓRIA DE SEU NOME. DEPOIS, MOSTRE ESSE DESENHO QUANDO FOR CONTAR A HISTÓRIA DE SEU NOME AOS COLEGAS. SE HOUVER PESSOAS REPRESENTADAS NO DESENHO, ESCREVA O NOME DELAS. DEPOIS, OUÇA A HISTÓRIA DOS NOMES DOS COLEGAS.

5 ESSAS HISTÓRIAS OCORRERAM NO PASSADO OU NO PRESENTE?

6 HÁ COLEGAS DA TURMA QUE TÊM O MESMO NOME QUE O SEU? SE HOUVER, RESPONDA: AS HISTÓRIAS QUE ELES CONTARAM SÃO IGUAIS OU SÃO DIFERENTES? EXPLIQUE.

PESSOAS E LUGARES

O NOME DAS CRIANÇAS GUARANI KAIOWÁ

HÁ CERCA DE 500 ANOS, O POVO GUARANI FOI UM DOS PRIMEIROS GRUPOS INDÍGENAS QUE ENTRARAM EM CONTATO COM OS EUROPEUS QUE CHEGARAM ÀS TERRAS QUE HOJE FORMAM O BRASIL.

ATUALMENTE, NO BRASIL, O POVO GUARANI ESTÁ DIVIDIDO EM TRÊS GRUPOS: KAIOWÁ, ÑANDEVA E MBYÁ. O MAIOR DESSES GRUPOS É O POVO KAIOWÁ.

COM A AJUDA DO PROFESSOR, LEIA O TEXTO A SEGUIR E SAIBA COMO O POVO GUARANI KAIOWÁ ESCOLHE O NOME DE SUAS CRIANÇAS.

▲ CRIANÇAS DO POVO GUARANI KAIOWÁ NA ALDEIA TE YIKUE, EM CAARAPÓ, MATO GROSSO DO SUL. FOTO DE 2012.

[...] SEGUNDO OS GUARANI, É ATRAVÉS DAS DIVERSAS REGIÕES **CELESTES** QUE AS ALMAS DAS CRIANÇAS GUARANI CHEGAM AOS SEUS RESPECTIVOS PAIS. CADA PONTO POSSUI NOMES TÍPICOS REPRESENTANDO A ORIGEM DAS CRIANÇAS. QUEM EFETIVAMENTE DÁ O NOME, BATIZANDO A CRIANÇA, É O **REZADOR** DA COMUNIDADE, SEMPRE POR INTERMÉDIO DE SONHOS E VISÕES. [...]

AINDA SEGUNDO OS GUARANI, NOS TEMPOS ANTIGOS, A REVELAÇÃO DO NOME DAVA-SE POR VOLTA DOS 2 [DOIS] ANOS DE IDADE [...], MAS HOJE EM DIA "TEM ALGUNS QUE NÃO QUEREM ESPERAR MAIS E DÃO NOME BEM ANTES". COM O ADVENTO DO CONTATO E A RELAÇÃO COM O PODER ESTATAL, SURGIRAM CERTAS MODIFICAÇÕES EM RELAÇÃO AO TRATO DO NOME, COMO, POR EXEMPLO, A NECESSIDADE SENTIDA POR ALGUNS EM RECEBER UM NOME NA LÍNGUA DO CONQUISTADOR. [...]

CELESTE: RELATIVO A CÉU.
REZADOR: PESSOA QUE FAZ ORAÇÕES.

PAULO HUMBERTO PORTO BORGES. SONHOS E NOMES: AS CRIANÇAS GUARANI. DISPONÍVEL EM: https:www.scielo.br/j/ccedes/a/CbLq5ZJ9PxJTRsxbSFWsnKs/?lang=pt. ACESSO EM: 22 JUN. 2021.

1. QUEM É O RESPONSÁVEL POR DAR O NOME DAS CRIANÇAS GUARANI?

2. COM QUE IDADE A CRIANÇA GUARANI RECEBE O NOME DELA?

3. SEGUNDO OS GUARANI, O QUE O NOME REVELA SOBRE A ORIGEM DAS CRIANÇAS?

4. VOCÊ SABE ONDE VIVE O POVO GUARANI NO BRASIL? COM A AJUDA DE SEUS PAIS OU RESPONSÁVEIS, FAÇA UMA PESQUISA SOBRE ISSO EM LIVROS, REVISTAS OU NA INTERNET. DEPOIS, CONTE AOS COLEGAS O QUE VOCÊ DESCOBRIU.

APRENDER SEMPRE

1 CONVERSE COM UM ADULTO DE SUA FAMÍLIA E DESCUBRA QUAL ERA SUA IDADE QUANDO VOCÊ RECEBEU UM NOME. COMPLETE A FRASE A SEGUIR COM ESSA INFORMAÇÃO.

A. QUANDO GANHEI MEU NOME, EU TINHA _____

_____ .

B. TROQUE DE LIVRO COM UM COLEGA. CONVERSE COM ELE E DESCUBRA A IDADE QUE ELE TINHA QUANDO RECEBEU O NOME DELE.

2 JÁ IMAGINOU SE TODAS AS PESSOAS TIVESSEM O MESMO NOME? COM A AJUDA DO PROFESSOR, LEIA A TIRA E CONVERSE COM OS COLEGAS.

A TIRA, DO CARTUNISTA BRASILEIRO MAURICIO DE SOUSA, PUBLICADA NO LIVRO *DICIONÁRIO AURÉLIO COM A TURMA DA MÔNICA*, EM 2018, RETRATA A PERSONAGEM MAGALI EXCLAMANDO O NOME CAROLINA.

A. POR QUE A MENINA E A SENHORA DO QUADRINHO OLHARAM AO MESMO TEMPO PARA A MAGALI?

B. QUANDO DUAS PESSOAS TÊM O MESMO NOME, O QUE PODE SER FEITO PARA DIFERENCIAR UMA DA OUTRA?

3 OUÇA O TEXTO QUE O PROFESSOR VAI LER.

GUGA É NOSSO MAIOR CAMPEÃO DE TÊNIS. SEU NOME É GUSTAVO KUERTEN E NASCEU EM FLORIANÓPOLIS, SANTA CATARINA. GUGA TINHA VONTADE DE SER CAMPEÃO DE FUTEBOL. MAS ELE ACHOU QUE A BOLA ERA MUITO GRANDE E RESOLVEU JOGAR TÊNIS.

RUTH ROCHA. *ALMANAQUE*. SÃO PAULO: ÁTICA, 2004. P. 95.

▲ GUGA EM PREMIAÇÃO NO MUNICÍPIO DO RIO DE JANEIRO. FOTO DE 2020.

A. SUBLINHE NO TEXTO O NOME COMPLETO DE GUGA.

B. ASSINALE A INFORMAÇÃO DO TEXTO QUE TAMBÉM PODE SER ENCONTRADA NA CERTIDÃO DE NASCIMENTO DE GUGA.

☐ O APELIDO DELE: GUGA.

☐ O ESPORTE QUE ELE PRATICAVA: TÊNIS.

☐ O LOCAL ONDE ELE NASCEU: FLORIANÓPOLIS, SANTA CATARINA.

4 ALGUMAS PESSOAS RECEBEM APELIDOS DOS QUAIS NÃO GOSTAM. VOCÊ CONHECE ALGUÉM QUE TEM UM APELIDO DE QUE NÃO GOSTA? CONVERSE COM OS COLEGAS E O PROFESSOR SOBRE ESSE ASSUNTO.

2 RECONHECENDO A FAMÍLIA

TER UMA FAMÍLIA É UM DIREITO DE TODAS AS PESSOAS. MAS AS FAMÍLIAS NÃO SÃO TODAS IGUAIS. EXISTEM DIVERSOS TIPOS DE FAMÍLIA E TODAS AS FAMÍLIAS MERECEM RESPEITO E PROTEÇÃO.

PARA COMEÇO DE CONVERSA

1. COMO VOCÊ ACHA QUE AS PESSOAS RETRATADAS NESSA IMAGEM ESTÃO SE SENTINDO?

2. COMO É SUA FAMÍLIA? CONTE AOS COLEGAS.

3. VOCÊ JÁ TIROU UMA FOTOGRAFIA DE TODA A FAMÍLIA REUNIDA? ISSO É IMPORTANTE PARA VOCÊ? POR QUÊ?

4. EM SUA OPINIÃO, POR QUE DEVEMOS RESPEITAR TODOS OS TIPOS DE FAMÍLIA?

SABER SER

◀ ILUSTRAÇÕES DE DIFERENTES TIPOS DE FAMÍLIA.

MAS O QUE É FAMÍLIA?

AS PESSOAS COM QUEM VOCÊ MORA FAZEM PARTE DE SUA FAMÍLIA.

ESSAS PESSOAS E VOCÊ PODEM TER OU NÃO TER A MESMA ORIGEM FAMILIAR, POR NASCIMENTO. O QUE IMPORTA MESMO É O AFETO QUE HÁ ENTRE OS MEMBROS DE UMA FAMÍLIA. OBSERVE AS ILUSTRAÇÕES DAS FAMÍLIAS A SEGUIR.

1. ESSAS FAMÍLIAS SÃO DIFERENTES OU SÃO SEMELHANTES? EXPLIQUE.

2. SUA FAMÍLIA SE PARECE COM ALGUMA DESSAS FAMÍLIAS? EM CASO AFIRMATIVO, EXPLIQUE AS SEMELHANÇAS.

3. EM SUA OPINIÃO, O QUE É UMA FAMÍLIA?

PARA EXPLORAR

O QUE SÃO AS COISAS?: A FAMÍLIA. DIREÇÃO: TANGUY DE KERMEL. FRANÇA/BÉLGICA, 2013 (4 MIN).

NESSE DESENHO ANIMADO, VOCÊ CONHECERÁ MAIS AS FAMÍLIAS E COMO ELAS SÃO DIFERENTES UMAS DAS OUTRAS.

A PALAVRA **FAMÍLIA** TEM MUITOS SIGNIFICADOS. ESSES SIGNIFICADOS VARIAM CONFORME A ÉPOCA E O POVO, OU SEJA, NO PASSADO, ESSA PALAVRA TINHA UM SIGNIFICADO DIFERENTE DO QUE TEM HOJE.

ATUALMENTE, FAMÍLIA É UM GRUPO DE PESSOAS QUE VIVEM JUNTAS E TÊM LAÇOS AFETIVOS, PODENDO OU NÃO TER **ANTEPASSADOS** EM COMUM.

> **ANTEPASSADO:** PARENTE ANTIGO, QUE É ANTERIOR AOS AVÓS. TAMBÉM É CONHECIDO COMO ANCESTRAL.

PARA MUITOS POVOS AFRICANOS, AS PESSOAS MAIS VELHAS DA FAMÍLIA SÃO CONSIDERADAS GUARDIÃS DAS MEMÓRIAS E DAS HISTÓRIAS. OUÇA O TEXTO QUE O PROFESSOR VAI LER SOBRE ISSO.

> "QUANDO MORRE UM AFRICANO IDOSO É COMO SE SE QUEIMASSE UMA BIBLIOTECA". É COM ESTAS PALAVRAS QUE O POETA DO MALI, AMADOU HAMPATÉ-BÂ, RESUME O VALOR ATRIBUÍDO AO VELHO NA SOCIEDADE TRADICIONAL AFRICANA [...].
>
> [...] OS IDOSOS CONFIGURAM-SE COMO GUARDIÕES DA MEMÓRIA E TUDO QUE POR ELES É CONTADO [...] DEVERIA SER AVIDAMENTE OUVIDO E PRESERVADO COM MUITO ZELO PELOS MAIS JOVENS. [...]
>
> MARIA APARECIDA DO NASCIMENTO DIAS. UM OLHAR SOBRE A VELHICE EM *"SANGUE DA AVÓ MANCHANDO A ALCATIFA"* DE MIA COUTO. EM: V ENCONTRO NACIONAL DE LEITURA INFANTOJUVENIL E ENSINO (ENLIJE), 2014, CAMPINA GRANDE. ANAIS [...]. CAMPINA GRANDE: REALIZE EDITORA, 2014. DISPONÍVEL EM: https://editorarealize.com.br/artigo/visualizar/6152. ACESSO EM: 28 JUN. 2022.

4 QUAL É A IMPORTÂNCIA DAS PESSOAS MAIS VELHAS NAS COMUNIDADES AFRICANAS?

5 E EM SUA FAMÍLIA, QUAL É A IMPORTÂNCIA DELAS? EM CASA, CONVERSE COM AS PESSOAS MAIS VELHAS DE SUA FAMÍLIA E, DEPOIS, CONTE À TURMA O QUE VOCÊ DESCOBRIU.

6 O QUE VOCÊS APRENDERAM COM OS ADULTOS E OS IDOSOS DE SUA FAMÍLIA? COM A AJUDA DO PROFESSOR, FAÇAM UMA LISTA NA LOUSA.

QUEM FAZ PARTE DA FAMÍLIA?

VOCÊ JÁ SABE QUE EXISTEM DIFERENTES TIPOS DE FAMÍLIA. CADA FAMÍLIA É FORMADA POR PESSOAS QUE COMPARTILHAM COSTUMES, ISTO É, JEITOS DE REALIZAR AS ATIVIDADES DO DIA A DIA, COMO ARRUMAR A CASA, PREPARAR AS REFEIÇÕES E ORGANIZAR OS BRINQUEDOS.

CONFORME VOCÊ APRENDE COM OS MAIS VELHOS E DESENVOLVE HABILIDADES, VOCÊ TAMBÉM REPETE OS COSTUMES DE SUA FAMÍLIA.

1 QUEM FAZ PARTE DE SUA FAMÍLIA? COM A ORIENTAÇÃO DO PROFESSOR, ANOTE O NOME DE CADA PESSOA.

_____

_____

2 FAÇA UM DESENHO QUE REPRESENTE SUA FAMÍLIA. DESENHE TODOS OS QUE FAZEM PARTE DELA.

HOJE É BASTANTE COMUM CONSIDERAR OS ANIMAIS DE ESTIMAÇÃO MEMBROS DA FAMÍLIA. O TEXTO QUE O PROFESSOR VAI LER É SOBRE ESSE COSTUME.

[...] ESSA RELAÇÃO DE CARINHO E AMIZADE ENTRE O SER HUMANO E OS CACHORROS É ANTIGA. HÁ MAIS DE 30 MIL ANOS, NA EUROPA, OS HOMENS E MULHERES DO PASSADO COMEÇARAM A CRIAR E DOMESTICAR LOBOS-
-CINZENTOS [...].

FORAM ESSES LOBOS QUE, COM O PASSAR DO TEMPO, DERAM ORIGEM AOS CACHORROS.

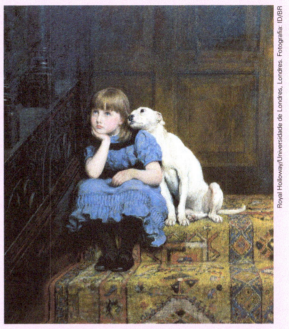

▲ BRITON RIVIÈRE. *SIMPATIA*, 1877. ÓLEO SOBRE TELA.

HENRIQUE CALDEIRA COSTA. O MELHOR AMIGO DO HOMEM. *CIÊNCIA HOJE DAS CRIANÇAS*, 4 MAIO 2012. DISPONÍVEL EM: http://chc.org.br/o-melhor-amigo-do-homem. ACESSO EM: 25 FEV. 2021.

3 O TEXTO E A PINTURA SE REFEREM A QUAL ANIMAL DE ESTIMAÇÃO?

4 A CONVIVÊNCIA ENTRE ESSES ANIMAIS E OS SERES HUMANOS É UMA SITUAÇÃO QUE TEM ORIGEM NO PASSADO OU NO PRESENTE? MARQUE COM UM **X**.

☐ NO PASSADO. ☐ NO PRESENTE.

5 EM SUA FAMÍLIA, HÁ ANIMAIS DE ESTIMAÇÃO? SE HOUVER, ESCREVA OS TIPOS DE ANIMAL E O NOME DE CADA UM.

DOCUMENTOS PESSOAIS

É POSSÍVEL ENCONTRAR O NOME DE PESSOAS DE NOSSA FAMÍLIA EM VÁRIOS **DOCUMENTOS**.

ESSES DOCUMENTOS COMPROVAM NOSSA IDENTIDADE E SÃO SOLICITADOS, POR EXEMPLO, PARA A MATRÍCULA NA ESCOLA, PARA O ATENDIMENTO EM POSTOS DE SAÚDE E HOSPITAIS, ENTRE OUTRAS SITUAÇÕES. OBSERVE A SEGUIR ALGUNS DESSES DOCUMENTOS.

▲ CERTIDÃO DE NASCIMENTO.

◀ CARTEIRA DE VACINAÇÃO.

CARTEIRA DE IDENTIDADE. ▶

1. CONTORNE OS TIPOS DE DOCUMENTOS PESSOAIS QUE VOCÊ POSSUI.

2. OS NOMES DE QUAIS FAMILIARES COSTUMAM APARECER NESSES DOCUMENTOS? PARA RESPONDER, PEÇA AJUDA A UM ADULTO DE SUA FAMÍLIA E CONSULTE SEUS DOCUMENTOS.

COMPARANDO AS FAMÍLIAS

EXISTEM FAMÍLIAS MUITO GRANDES; OUTRAS FAMÍLIAS SÃO PEQUENAS, COM POUCAS PESSOAS. VOCÊ JÁ SABE QUE HÁ VÁRIOS TIPOS DE FAMÍLIA. AGORA, VOCÊ VAI CONHECER UM POUCO SOBRE A FAMÍLIA DOS COLEGAS DE TURMA.

FORME DUPLA COM UM COLEGA E TROQUE DE LIVRO COM ELE. OBSERVE O DESENHO QUE ELE FEZ NA ATIVIDADE **2** DO TEMA *QUEM FAZ PARTE DA FAMÍLIA*. DEPOIS, PEGUE SEU LIVRO NOVAMENTE E PREENCHA AS INFORMAÇÕES DESTA TABELA SOBRE SUA FAMÍLIA E A FAMÍLIA DO COLEGA.

	MINHA FAMÍLIA	A FAMÍLIA DE _____
NÚMERO DE ADULTOS E DE IDOSOS		
NÚMERO DE CRIANÇAS		
NÚMERO DE ANIMAIS DE ESTIMAÇÃO		
TOTAL DE INTEGRANTES		

1 AGORA, RESPONDA ÀS QUESTÕES DE ACORDO COM A TABELA.

A. QUAL FAMÍLIA É MAIOR?

B. HÁ MAIS ADULTOS E IDOSOS DO QUE CRIANÇAS EM SUA FAMÍLIA? E NA FAMÍLIA DO COLEGA?

C. EM QUE A FAMÍLIA DO COLEGA É PARECIDA COM A SUA FAMÍLIA OU É DIFERENTE DELA?

A IMPORTÂNCIA DAS PESSOAS MAIS VELHAS

NAS FAMÍLIAS, AS CRIANÇAS SÃO CUIDADAS PELAS PESSOAS RESPONSÁVEIS POR ELAS. OBSERVE AS FOTOS A SEGUIR.

▲ FAMÍLIA DE INDÍGENAS WAUJÁ DESCASCANDO MANDIOCA EM GAÚCHA DO NORTE, MATO GROSSO. FOTO DE 2019.

▲ PAI E FILHO COLETANDO CARANGUEJOS EM SÃO FRANCISCO DE ITABAPOANA, RIO DE JANEIRO. FOTO DE 2019.

▲ FAMÍLIA ENSINANDO FILHO A ANDAR EM PRAÇA DE BOTELHOS, MINAS GERAIS. FOTO DE 2017.

▲ AVÓ E NETA BRINCANDO JUNTAS. MUNICÍPIO DE SÃO PAULO. FOTO DE 2017.

1 AGORA, RESPONDA:

A. AS PESSOAS RESPONSÁVEIS PELAS CRIANÇAS PODEM SER:

☐ BEBÊS ☐ CRIANÇAS ☐ ADULTOS ☐ IDOSOS

B. O QUE AS PESSOAS MAIS VELHAS E AS CRIANÇAS ESTÃO FAZENDO NESSAS FOTOS?

C. VOCÊ E AS PESSOAS RESPONSÁVEIS POR VOCÊ COSTUMAM REALIZAR ESSAS ATIVIDADES? COMO?

AS HISTÓRIAS DOS ADULTOS E IDOSOS

EM MUITAS FAMÍLIAS, PESSOAS MAIS VELHAS CONTAM HISTÓRIAS DO PASSADO. O TEXTO A SEGUIR É UMA HISTÓRIA QUE ARTHUR NESTROVSKI OUVIU DE SEU AVÔ. ACOMPANHE A LEITURA DO PROFESSOR.

> NUM DIA DE SORTE, MEU AVÔ COMPROU UM BILHETE DE LOTERIA E GANHOU O PRIMEIRO PRÊMIO. [...] E SABE O QUE ELE RESOLVEU FAZER? RESOLVEU COMPRAR UM CARRO.
>
> O VÔ FELIPE NUNCA HAVIA DIRIGIDO UM AUTOMÓVEL [...] POIS FOI EM FRENTE E COMPROU. [...] UM AUTOMÓVEL NOVINHO EM FOLHA, RELUZENTE. FOI AQUELA SENSAÇÃO. MINHA AVÓ SAIU PRA VER. MEU PAI, O IRMÃO E A IRMÃ DELE TAMBÉM FICARAM MUITO ORGULHOSOS. NÃO ERA QUALQUER UM QUE COMPRAVA UM CARRO EM 1950. UM CARRO ERA UMA COISA ESPECIAL. [...]
>
> SÓ HAVIA UM PROBLEMA: NINGUÉM SABIA DIRIGIR.
>
> ARTHUR NESTROVSKI. *HISTÓRIAS DE AVÔ E AVÓ*. SÃO PAULO: COMPANHIA DAS LETRINHAS, 1998. P. 24 E 25 (COLEÇÃO MEMÓRIA E HISTÓRIA).

2 A HISTÓRIA CONTADA PELO AVÔ DE ARTHUR NESTROVSKI SE PASSA NO PASSADO OU NO PRESENTE?

3 QUE ELEMENTOS DESSA HISTÓRIA INDICAM QUE ELA OCORREU NO PASSADO? PINTE DE **COR DE ROSA** OS QUADRINHOS COM AS FRASES CORRETAS.

- [ ] É UMA HISTÓRIA VIVIDA PELO AVÔ DE ARTHUR.
- [ ] A HISTÓRIA OCORREU NO ANO DE 1950.
- [ ] A HISTÓRIA OCORREU NO ANO ATUAL.

4 PEÇA A UM ADULTO DE SUA FAMÍLIA QUE CONTE A VOCÊ UMA HISTÓRIA QUE ACONTECEU ANTES DE VOCÊ NASCER. NO CADERNO, FAÇA UM DESENHO QUE REPRESENTE ESSA HISTÓRIA E, DEPOIS, RECONTE-A AOS COLEGAS.

FESTAS E COMEMORAÇÕES

CADA FAMÍLIA TEM COSTUMES PRÓPRIOS AO REALIZAR FESTAS E COMEMORAÇÕES. A ÉPOCA EM QUE ELAS OCORREM, O PERÍODO DO DIA EM QUE SÃO REALIZADAS, AS ROUPAS E OS OBJETOS UTILIZADOS E OS ALIMENTOS PREPARADOS NESSAS OCASIÕES VARIAM DE UMA FAMÍLIA PARA OUTRA.

1 COM A AJUDA DE UMA PESSOA MAIS VELHA DE SUA FAMÍLIA, PREENCHA A FICHA A SEGUIR COM AS INFORMAÇÕES SOBRE AS FESTAS QUE VOCÊS COSTUMAM FAZER.

A. EM QUE ÉPOCAS VOCÊS COSTUMAM FAZER FESTAS E COMEMORAÇÕES? MARQUE COM UM **X**.

☐ NOS FINS DE SEMANA.

☐ NO COMEÇO E NO FIM DO ANO.

☐ NOS ANIVERSÁRIOS.

☐ EM OUTRAS DATAS: _____

B. GERALMENTE, QUAIS SÃO OS MOTIVOS DESSAS COMEMORAÇÕES?

_____

C. QUE ATIVIDADES VOCÊS REALIZAM NESSAS FESTAS?

_____

_____

D. QUAIS PRATOS COSTUMAM SER PREPARADOS?

_____

OUTRAS ATIVIDADES DE LAZER

ALÉM DAS FESTAS E COMEMORAÇÕES, HÁ OUTRAS PRÁTICAS QUE FAZEM PARTE DOS COSTUMES DE UMA FAMÍLIA, COMO AS ATIVIDADES DE **LAZER**. AS ILUSTRAÇÕES A SEGUIR REPRESENTAM DUAS FAMÍLIAS EM MOMENTOS DE LAZER.

LAZER: TEMPO DE DESCANSO, DE FOLGA.

1 NOS QUADRINHOS, ANOTE A LETRA QUE RELACIONA CADA IMAGEM À INFORMAÇÃO CORRETA.

A. QUE ATIVIDADE DE LAZER A FAMÍLIA DA IMAGEM **A** ESTÁ REALIZANDO? E A FAMÍLIA DA IMAGEM **B**?

☐ FAZENDO PIQUENIQUE.

☐ ASSISTINDO À TELEVISÃO.

☐ BRINCANDO COM JOGO DE TABULEIRO.

☐ BRINCANDO DE BOLA.

B. ONDE AS ATIVIDADES SÃO REALIZADAS?

☐ EM UM RESTAURANTE.

☐ EM UMA PRAIA.

☐ EM UM PARQUE PÚBLICO.

☐ EM CASA.

PESSOAS E LUGARES

OS COSTUMES DAS FAMÍLIAS INUÍTES

AS FAMÍLIAS INDÍGENAS NÃO EXISTEM APENAS NO BRASIL. HÁ POVOS INDÍGENAS EM MUITOS PAÍSES. OS INDÍGENAS SÃO POVOS QUE MANTÊM UMA RELAÇÃO COM OS TERRITÓRIOS ONDE VIVERAM SEUS ANTEPASSADOS.

ALGUNS DESSES POVOS HABITAM REGIÕES MUITO FRIAS, NO NORTE DO PLANETA, COMO EM ÁREAS DO CANADÁ E DA GROENLÂNDIA. O POVO INUÍTE É UM DELES.

OS INUÍTES TRANSMITEM SEUS CONHECIMENTOS AOS MAIS NOVOS, CONTANDO HISTÓRIAS SOBRE OS ANCESTRAIS DE SEU POVO, SOBRE AS PLANTAS E OS ANIMAIS.

UM DOS COSTUMES MAIS IMPORTANTES DAS FAMÍLIAS INUÍTES É A COLABORAÇÃO, ISTO É, TODOS SE AJUDAM.

OBSERVE AS FOTOS A SEGUIR E CONHEÇA OUTROS COSTUMES QUE AS FAMÍLIAS INUÍTES DESENVOLVERAM AO LONGO DO TEMPO.

◀ O BARCO É UM MEIO DE TRANSPORTE MUITO USADO PELAS FAMÍLIAS INUÍTES DA GROENLÂNDIA. FOTO DE 2016.

◀ AS MÃES INUÍTES COSTUMAM CARREGAR OS FILHOS EM UMA BOLSA QUE VAI NAS COSTAS. MÃE E FILHA INUÍTES NO CANADÁ. FOTO DE 2017.

AS MORADIAS INUÍTES SÃO ▶ FEITAS DE MADEIRA. ONDE NEVA O ANO TODO, ELES FAZEM ABRIGOS COM BLOCOS DE GELO. GROENLÂNDIA. FOTO DE 2020.

1. QUAIS SEMELHANÇAS VOCÊ IDENTIFICOU ENTRE OS COSTUMES DAS FAMÍLIAS INUÍTES E OS COSTUMES DE SUA FAMÍLIA? E DIFERENÇAS? CONVERSE COM OS COLEGAS.

2. EM SUA OPINIÃO, HÁ ALGUMA SEMELHANÇA ENTRE OS INUÍTES E OS POVOS INDÍGENAS DO BRASIL? EM CASO AFIRMATIVO, DIGA QUAL É ESSA SEMELHANÇA.

3. VOCÊ JÁ VIU NEVE PESSOALMENTE? SE NÃO VIU, CONTE À TURMA COMO VOCÊ IMAGINA QUE ELA É.

4. PESQUISE EM LIVROS E NA INTERNET COMO É A VIDA DOS INUÍTES. CONTE AOS COLEGAS O QUE DESCOBRIU.

1 O TEXTO A SEGUIR É SOBRE ALGUMAS **LEIS**, ISTO É, REGRAS QUE VALEM PARA TODOS OS BRASILEIROS. ESSAS LEIS EXPLICAM ALGUNS DIREITOS DAS CRIANÇAS. ACOMPANHE A LEITURA DO PROFESSOR.

A **CONVIVÊNCIA** FAMILIAR [...] É UM DIREITO FUNDAMENTAL DE CRIANÇAS E ADOLESCENTES [...]. [...] TODA CRIANÇA E ADOLESCENTE TEM DIREITO A SER CRIADO E EDUCADO POR SUA FAMÍLIA E, NA FALTA DESTA, POR FAMÍLIA SUBSTITUTA.

[...]

QUANDO A FAMÍLIA, AO INVÉS DE PROTEGER A CRIANÇA E O ADOLESCENTE, VIOLA SEUS DIREITOS, UMA DAS MEDIDAS PREVISTAS [...] PARA IMPEDIR A VIOLÊNCIA [...] CONTRA ELES É O **ABRIGAMENTO** EM INSTITUIÇÃO.

CONVIVÊNCIA: ESTAR JUNTO COM FREQUÊNCIA.
ABRIGAMENTO: PROTEÇÃO.

MINISTÉRIO PÚBLICO FEDERAL. A LEI GARANTE O DIREITO À CONVIVÊNCIA FAMILIAR E COMUNITÁRIA. TURMINHA DO MPF. DISPONÍVEL EM: http://turminha.mpf.mp.br/explore/direitos-das-criancas/convivencia-familiar-e-comunitaria/a-lei-garante-o-direito-a-convivencia-familiar-e-comunitaria. ACESSO EM: 11 FEV. 2021.

A. ESSE TEXTO TRATA DE QUAIS DIREITOS DAS CRIANÇAS E DOS ADOLESCENTES? MARQUE COM UM **X**.

☐ O DIREITO DE CONVIVER COM A VIZINHANÇA.

☐ O DIREITO DE CONVIVER COM A FAMÍLIA.

☐ O DIREITO DE SER PROTEGIDO CONTRA A VIOLÊNCIA.

B. EM QUAIS SITUAÇÕES A CRIANÇA E O ADOLESCENTE PODEM SER SEPARADOS DA FAMÍLIA?

C. AS PESSOAS RESPONSÁVEIS PELAS CRIANÇAS PODEM SER VIOLENTAS COM ELAS? POR QUÊ?

2 OBSERVE ESTA FAMÍLIA REUNIDA PARA O JANTAR.

A. ESSA FAMÍLIA É FORMADA POR:

☐ PAI ☐ FILHOS ☐ AVÔ

☐ MÃE ☐ FILHA ☐ AVÓ

B. CONVERSE COM OS COLEGAS. EM SUA CASA, QUE REFEIÇÕES SÃO FEITAS EM FAMÍLIA?

3 ALGUMAS FAMÍLIAS CELEBRAM DATAS TRADICIONAIS OU RELIGIOSAS. OBSERVE AS FOTOS.

▲ *BAR-MITZVÁ*, DA TRADIÇÃO JUDAICA EM JERUSALÉM, ISRAEL. FOTO DE 2020.

▲ FESTA DE IEMANJÁ, DO CANDOMBLÉ, EM SALVADOR, BAHIA. FOTO DE 2020.

- MOSTRE AOS COLEGAS UMA FOTO DE UMA COMEMORAÇÃO FAMILIAR. CONTE A ELES:
  - QUE TIPO DE FESTA É.
  - ONDE ELA OCORRE.
  - QUE COMIDA É SERVIDA.

TRINTA E NOVE

CAPÍTULO 3
MINHA ROTINA

Ao longo do dia, você realiza diversas atividades. Algumas atividades você faz todos os dias. Elas fazem parte de sua rotina ou da rotina da casa. E há outras que você faz em dias específicos.

PARA COMEÇO DE CONVERSA

1. O que o menino da foto está fazendo? Você também realiza essa atividade?

2. Quais as atividades que você faz todos os dias?

3. O que você faz nos dias em que não vai à escola?

4. Converse com um colega. Ele faz coisas iguais ou diferentes das que você faz todos os dias?

Menino escovando os dentes. Foto de 2021.

O DIA A DIA

MUITAS PESSOAS SEGUEM UMA ROTINA, ISTO É, TÊM UM CONJUNTO DE ATIVIDADES QUE COSTUMAM REALIZAR NO DIA A DIA. OBSERVE AS IMAGENS A SEGUIR.

◄ TODAS AS MANHÃS, A MÃE DE CAMILA ACORDA BEM CEDO E CUIDA DOS ANIMAIS NO SÍTIO ONDE ELAS MORAM.

◄ À TARDE, CAMILA ALMOÇA COM A MÃE, FAZ OS DEVERES DA ESCOLA E, DEPOIS, BRINCA ATÉ A HORA DO BANHO.

◄ À NOITE, CAMILA LÊ E FAZ PESQUISA NO COMPUTADOR.

1 EM QUE A ROTINA DESSA FAMÍLIA SE PARECE COM A SUA? EM QUE É DIFERENTE?

2 EM SUA CASA, HÁ ALGUMA ATIVIDADE QUE SE REPETE QUASE TODOS OS DIAS? CASO HAJA, QUAL É A ATIVIDADE?

PARA EXPLORAR

DE MANHÃ, DE TALINE SCHUBACH. SÃO PAULO: EDITORA CALLIS, 2014. (COLEÇÃO HISTÓRIAS DE SOFIA).

NESSA OBRA, VOCÊ VAI ACOMPANHAR A ROTINA DAS MANHÃS DE SOFIA, QUE ESTUDA NESSE PERÍODO.

O TEMPO PASSA

PARA ORGANIZAR AS ATIVIDADES DO DIA DIA, É IMPORTANTE MEDIR A PASSAGEM DO TEMPO.

NO INÍCIO, AS PESSOAS USAVAM AS VARIAÇÕES ENTRE O DIA E A NOITE PARA CONTAR O TEMPO.

ACREDITA-SE QUE ESSA CONTAGEM ERA FEITA COM OSSOS OU COM GRAVETOS. DEPOIS, O **PERÍODO** FORMADO POR UM DIA E UMA NOITE FOI DIVIDIDO EM 24 PARTES IGUAIS. CADA PARTE PASSOU A SER CHAMADA DE **HORA**.

PERÍODO: UMA PARTE DO TEMPO.

1 HOJE, A PASSAGEM DO TEMPO É MEDIDA POR DIFERENTES INSTRUMENTOS. MARQUE COM UM **X** O OBJETO QUE NÃO É USADO PARA ACOMPANHAR A PASSAGEM DO TEMPO.

REPRESENTAÇÃO SEM PROPORÇÃO DE TAMANHO ENTRE OS ELEMENTOS.

2 COMPLETE O NOME DOS OBJETOS DA ATIVIDADE ANTERIOR.

	R	M	Ô		T	R	O
R		Ó	G		O		
	P	U	L	H	E	T	
	A	L		N	D	Á	R

OS DIAS E AS NOITES

REALIZAMOS DIVERSAS ATIVIDADES DURANTE O DIA. NESSE PERÍODO, A LUZ DO SOL FAVORECE AS ATIVIDADES AO AR LIVRE.

DURANTE A NOITE, QUANDO ESTÁ ESCURO, PRECISAMOS DE LUZ ARTIFICIAL PARA REALIZAR NOSSAS ATIVIDADES. É NESSE PERÍODO QUE MUITAS PESSOAS E ALGUNS ANIMAIS DORMEM.

1 OBSERVE, NESTAS ILUSTRAÇÕES, O MESMO LUGAR EM PERÍODOS DIFERENTES.

Ilustrações: Raissa Bulhões/ID/BR

A. O QUE VOCÊ OBSERVA NO CÉU DA IMAGEM **A**?

B. O QUE VOCÊ OBSERVA NO CÉU DA IMAGEM **B**?

2 EXISTEM OUTRAS DIFERENÇAS ENTRE AS IMAGENS **A** E **B**. QUAIS SÃO ESSAS DIFERENÇAS? CONVERSE COM OS COLEGAS E O PROFESSOR.

OS LUGARES SÃO DIFERENTES DURANTE O DIA E DURANTE A NOITE. EM UM AMBIENTE NATURAL, EXISTEM ANIMAIS QUE SÓ APARECEM DURANTE A NOITE, COMO ALGUNS TIPOS DE AVES. JÁ, NA CIDADE, ALGUMAS ATIVIDADES SÃO MENOS FREQUENTES DE OCORRER À NOITE, COMO PESSOAS CAMINHANDO NAS RUAS.

3 QUAIS ATIVIDADES OCORREM EM SUA CASA DURANTE O DIA? E DURANTE A NOITE?

4 FAÇA DESENHOS QUE MOSTREM AS ATIVIDADES QUE ACONTECEM DURANTE O DIA E DURANTE A NOITE EM SUA CASA OU NA VIZINHANÇA. REGISTRE AS DIFERENÇAS OBSERVADAS NOS DOIS PERÍODOS COM RELAÇÃO AOS ANIMAIS, ÀS PLANTAS E ÀS ATIVIDADES QUE OCORREM.

DEPOIS, COMPARE SEUS DESENHOS COM OS DESENHOS DOS COLEGAS. JUNTOS, COMPARTILHEM AS EXPERIÊNCIAS.

DIA	NOITE

O QUE É ROTINA?

O JEITO COMO CADA FAMÍLIA REALIZA AS ATIVIDADES DO DIA A DIA É CHAMADO DE **COSTUME**. E AS ATIVIDADES QUE COSTUMAM SER REALIZADAS AO LONGO DO DIA FAZEM PARTE DA **ROTINA**.

1 CAIO, REGINA E FERNANDO FIZERAM UMA LISTA DAS ATIVIDADES QUE FAZEM PARTE DA ROTINA DE SUAS FAMÍLIAS. PORÉM, AS ATIVIDADES ESTÃO FORA DE ORDEM. POR ISSO, VOCÊS VÃO AJUDÁ-LOS A ORGANIZAR A LISTA, ANOTANDO OS NÚMEROS DE **1** A **7** NOS QUADRINHOS A SEGUIR, INDICANDO A ORDEM EM QUE AS ATIVIDADES SÃO REALIZADAS AO LONGO DO DIA. REÚNA-SE COM MAIS UM COLEGA PARA FAZER ESTA ATIVIDADE.

- ☐ AS CRIANÇAS VÃO DORMIR.
- ☐ A FAMÍLIA TOMA CAFÉ DA MANHÃ.
- ☐ A FAMÍLIA ACORDA CEDO.
- ☐ QUASE TODAS AS PESSOAS DA FAMÍLIA ALMOÇAM JUNTAS.
- ☐ O PAI DAS CRIANÇAS LÊ UMA HISTÓRIA PARA ELAS.
- ☐ TODAS AS PESSOAS DA FAMÍLIA PARTICIPAM DO JANTAR.
- ☐ OS ADULTOS VÃO DORMIR.

MANHÃ, TARDE E NOITE

HÁ ATIVIDADES QUE SÃO REALIZADAS PELA **MANHÃ**, OUTRAS ATIVIDADES SÃO REALIZADAS À **TARDE** E OUTRAS, À **NOITE**. CADA PESSOA DA FAMÍLIA TEM UMA ROTINA NESSES PERÍODOS.

E VOCÊ, JÁ OBSERVOU ESSES PERÍODOS DO DIA?

1. VOCÊ E UM COLEGA VÃO ACOMPANHAR A LEITURA QUE O PROFESSOR VAI FAZER DAS ATIVIDADES QUE FAZEM PARTE DA ROTINA DA PÁGINA ANTERIOR. QUAIS ATIVIDADES OCORREM PELA MANHÃ, À TARDE E À NOITE? CONVERSE COM OS COLEGAS E O PROFESSOR.

2. AGORA, PENSE EM SEU DIA A DIA COM A FAMÍLIA. ESCOLHA UM COSTUME DE SUA FAMÍLIA DO QUAL VOCÊ GOSTE MUITO. NO CADERNO, FAÇA UM DESENHO QUE REPRESENTE ESSE COSTUME E ANOTE O PERÍODO DO DIA EM QUE ELE COSTUMA OCORRER.

3. ESTE APARELHO É USADO PARA MARCAR O TEMPO AO LONGO DO DIA. TAMBÉM É MUITO ÚTIL PARA SABERMOS QUANDO DEVEMOS REALIZAR NOSSAS ATIVIDADES. DESEMBARALHE AS SÍLABAS E ESCREVA O NOME DO APARELHO.

| LÓ | GI | O | RE |

A SEMANA

A ROTINA DAS FAMÍLIAS INCLUI DIFERENTES ATIVIDADES. ALGUMAS DESSAS ATIVIDADES SÃO REALIZADAS TODOS OS DIAS. OUTRAS, SÓ EM ALGUNS DIAS DA SEMANA.

OBSERVE ESTAS ILUSTRAÇÕES. ELAS REPRESENTAM ATIVIDADES SEMANAIS DE HELENA E DE SUA FAMÍLIA.

SEGUNDA-FEIRA

TERÇA-FEIRA

QUARTA-FEIRA

QUINTA-FEIRA

SEXTA-FEIRA

SÁBADO

DOMINGO

Ilustrações: Vanessa Alexandre/ID/BR

1 EM QUAL DIA DA SEMANA HELENA FAZ AULA DE MÚSICA?

2 EM QUAL DIA DA SEMANA HELENA FAZ COMPRAS COM A MÃE?

3 QUE MOMENTOS DE DIVERSÃO VOCÊ TEM COM SUA FAMÍLIA AO LONGO DA SEMANA? NO CADERNO, FAÇA UM DESENHO REPRESENTANDO UM DESSES MOMENTOS.

LADO ESQUERDO E LADO DIREITO

VOCÊ SABIA QUE NOSSO CORPO TEM DOIS LADOS: O LADO DIREITO E O LADO ESQUERDO?

OBSERVE ESTA REPRESENTAÇÃO. A BOLA ESTÁ À ESQUERDA DE HELENA E O RELÓGIO ESTÁ NO PULSO DIREITO DELA.

1 COMPLETE AS FRASES COM UMA DAS PALAVRAS DOS QUADROS:

DIREITA   ESQUERDA

A ARQUIBANCADA ESTÁ À _____ DE HELENA.

A PORTA ESTÁ À _____ DA MENINA.

2 PINTE DE **VERDE** A MÃO E O PÉ ESQUERDO DE HELENA.

3 PINTE DE **AZUL** A MÃO E O PÉ DIREITO DELA.

4 CIRCULE O QUADRO EM QUE ESTÁ ESCRITA A MÃO QUE VOCÊ USA PARA ESCREVER E DESENHAR.

MÃO ESQUERDA   MÃO DIREITA

OS MESES DO ANO

O CALENDÁRIO TAMBÉM É USADO PARA MARCAR A PASSAGEM DO TEMPO. NO CALENDÁRIO, CONTAMOS O TEMPO EM DIAS, SEMANAS E MESES. ELE NOS AJUDA A REGISTRAR E A PLANEJAR NOSSAS ATIVIDADES.

1 OBSERVE O CALENDÁRIO DE 2023 E RESPONDA ÀS QUESTÕES.

A. QUANTOS MESES HÁ NO ANO?

_____

B. QUAL É O PRIMEIRO MÊS DO ANO? E O ÚLTIMO?

_____

C. QUAIS SÃO OS MESES QUE TÊM 30 DIAS?

_____

D. E QUAIS SÃO OS MESES COM 31 DIAS?

_____

E. QUANTOS DIAS O MÊS DE FEVEREIRO PODE TER?

_____

2 QUAIS SÃO OS FERIADOS QUE VOCÊ E OS COLEGAS CONHECEM? EM QUAIS DATAS ESSES FERIADOS ACONTECEM? O PROFESSOR VAI PERGUNTAR A VOCÊS E ANOTAR AS RESPOSTAS NA LOUSA.

- PREENCHA O QUADRO A SEGUIR COM O DIA E O NOME DOS FERIADOS.

JANEIRO	FEVEREIRO	MARÇO
ABRIL	**MAIO**	**JUNHO**
JULHO	**AGOSTO**	**SETEMBRO**
OUTUBRO	**NOVEMBRO**	**DEZEMBRO**

APRENDER SEMPRE

1 CADA MEMBRO OU PESSOA DA FAMÍLIA TEM UMA ROTINA. ESCOLHA UM MEMBRO DE SUA FAMÍLIA E DESCUBRA O QUE ELE ESTÁ FAZENDO ENQUANTO VOCÊ ESTÁ NA ESCOLA. NO CADERNO, VOCÊ VAI ANOTAR O NOME DESSE FAMILIAR E FAZER UM DESENHO QUE REPRESENTE ESSE COSTUME DA ROTINA DELE. MOSTRE AOS COLEGAS OS REGISTROS QUE VOCÊ FEZ, COMPARTILHANDO SUAS DESCOBERTAS.

2 OBSERVE AS IMAGENS A SEGUIR E LIGUE CADA IMAGEM AO PERÍODO DO DIA QUE ELA REPRESENTA.

MANHÃ   TARDE   NOITE

▲ VINCENT VAN GOGH. *AVENIDA DOS ÁLAMOS NO OUTONO*, 1884. ÓLEO SOBRE TELA.

▲ PIETRO CHIESA. *MANHÃ DE VERÃO*, 1890. ÓLEO SOBRE PAINEL.

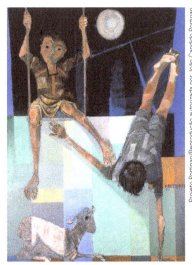
▲ CANDIDO PORTINARI. *MENINOS COM CARNEIRO*, 1959. ÓLEO SOBRE MADEIRA.

3 ALGUMAS ATIVIDADES QUE VOCÊ REALIZA TODOS OS DIAS PODEM SER DIFERENTES, DEPENDENDO DE VÁRIOS FATORES. O QUE MUDA EM SUA ROTINA QUANDO O TEMPO ESTÁ MAIS FRIO? CONTE AOS COLEGAS. DEPOIS, FAÇA UM DESENHO NO CADERNO QUE REPRESENTE ESSA MUDANÇA.

4 A TIRA A SEGUIR MOSTRA UMA SITUAÇÃO NA ROTINA DE CALVIN E DA MÃE DELE. ACOMPANHE A LEITURA DO PROFESSOR. DEPOIS, CONVERSE COM OS COLEGAS E RESPONDA ÀS ATIVIDADES.

BILL WATTERSON. *O MUNDO É MÁGICO*: AS AVENTURAS DE CALVIN & HAROLDO. SÃO PAULO: CONRAD, 2007. P. 105.

A. SOBRE OS PERÍODOS DO DIA, PINTE DE **VERMELHO** AS RESPOSTAS CORRETAS.

- EM QUE PERÍODO DO DIA CALVIN POSSIVELMENTE ESTUDA?

  ☐ MANHÃ ☐ TARDE ☐ NOITE

- É O MESMO PERÍODO EM QUE A TIRA SE PASSA?

  ☐ SIM. ☐ NÃO.

B. QUE SITUAÇÃO DO DIA FOI RETRATADA NA TIRA?

C. VOCÊ CONCORDA COM A ATITUDE DE CALVIN, NO ÚLTIMO QUADRINHO? VOCÊ JÁ FEZ ALGO PARECIDO?

D. NO QUADRO AO LADO, CRIE UM FINAL DIFERENTE PARA ESSA TIRA. NELE, CALVIN DEVE TER UMA ATITUDE QUE NÃO PREJUDIQUE A ROTINA DELE NEM A DA MÃE.

CAPÍTULO 4

ONDE EU MORO

TODOS NÓS PRECISAMOS DE UM LUGAR PARA MORAR. AS MORADIAS SÃO IMPORTANTES PORQUE PROTEGEM AS PESSOAS DO FRIO, DA CHUVA E DO SOL FORTE, POR EXEMPLO. NA MORADIA, PODEMOS DESCANSAR, FAZER REFEIÇÕES, TOMAR BANHO, CONVIVER COM NOSSOS FAMILIARES E AMIGOS.

PARA COMEÇO DE CONVERSA

1. QUE SENTIMENTOS AS PESSOAS PARECEM EXPRESSAR NESSA PINTURA?

2. QUAL É A IMPORTÂNCIA DE TER UM LUGAR PARA MORAR?

3. COMO VOCÊ SE SENTE EM SUA MORADIA?

4. EM SUA OPINIÃO, O QUE É UMA MORADIA DIGNA?

◀ LUCIA BUCCINI. *CAFÉ NO QUINTAL*, 2013. ÓLEO SOBRE TELA.

MORADIA: LUGAR DE CONVIVÊNCIA

NAS MORADIAS, AS PESSOAS PARTILHAM ALEGRIAS E DIFICULDADES E CONVIVEM EM DIVERSAS SITUAÇÕES.

AS MORADIAS COSTUMAM TER DIFERENTES ESPAÇOS INTERNOS E PODEM SER FEITAS DE VÁRIOS TIPOS DE MATERIAIS. OBSERVE A IMAGEM.

1 VOCÊ RECONHECE OS ESPAÇOS REPRESENTADOS NA IMAGEM DESSA CASA? ESCREVA QUAIS SÃO ELES.

_____

_____

2 QUAIS ATIVIDADES VOCÊ COSTUMA REALIZAR EM SUA MORADIA?

_____

3 DO QUE VOCÊ MAIS GOSTA EM SUA MORADIA? POR QUÊ?

_____

PARA TER UM LUGAR DE CONVIVÊNCIA DE QUALIDADE, NÃO BASTA TER UM LUGAR PARA MORAR. AS PESSOAS PRECISAM TER UMA MORADIA **DIGNA**. ISSO SIGNIFICA QUE A MORADIA PRECISA APRESENTAR BOAS CONDIÇÕES DE CONSERVAÇÃO E DE HIGIENE, ALÉM DE OFERECER SEGURANÇA E CONFORTO AOS MORADORES.

UMA MORADIA DIGNA PRECISA SER ATENDIDA POR SERVIÇOS ESSENCIAIS, COMO FORNECIMENTO DE ÁGUA POTÁVEL E ENERGIA ELÉTRICA, COLETA DE ESGOTO E LIXO, OFERTA DE TRANSPORTE PÚBLICO, DE ESCOLAS, DE POSTOS DE SAÚDE, ENTRE OUTROS.

> **ÁGUA POTÁVEL:** ÁGUA LIMPA, ADEQUADA AO CONSUMO HUMANO.

4 COMO DEVE SER UMA MORADIA DIGNA? FAÇA UM DESENHO REPRESENTANDO ESSE LUGAR.

5 EM SUA OPINIÃO, O QUE PODERIA SER FEITO PARA RESOLVER OS PROBLEMAS DAS PESSOAS QUE NÃO TÊM UMA MORADIA DIGNA? CONVERSE COM OS COLEGAS E O PROFESSOR.

DIFERENTES MORADIAS

COMO VOCÊ DEVE TER VISTO, AS MORADIAS SÃO DIFERENTES UMAS DAS OUTRAS. HÁ CASAS COM QUINTAL, HÁ APARTAMENTOS, HÁ CASAS FEITAS DE PALHA E MUITOS OUTROS TIPOS DE MORADIA. OBSERVE AS IMAGENS.

▲ OCA EM ALDEIA INDÍGENA PATAXÓ, NO MUNICÍPIO DE PORTO SEGURO, BAHIA. FOTO DE 2019.

▲ CASA FEITA DE MADEIRA, NO MUNICÍPIO DE CARLOS BARBOSA, RIO GRANDE DO SUL. FOTO DE 2020.

▲ MORADIA CHAMADA DE SOBRADO, NO MUNICÍPIO DE AIMORÉS, MINAS GERAIS. FOTO DE 2019.

▲ MORADIAS CONSTRUÍDAS COM MADEIRAS E TELHAS, NO MUNICÍPIO DE PLANALTINA, GOIÁS. FOTO DE 2019.

PARA EXPLORAR

***O LIVRO DAS CASAS*, DE LIANA LEÃO. SÃO PAULO: CORTEZ, 2014.**

CASA É UMA PALAVRA CURTA, MAS TEM GRANDE SIGNIFICADO. NESSE LIVRO, VOCÊ VAI DESCOBRIR VÁRIOS TIPOS DE CASA E SEUS SIGNIFICADOS.

▲ PALAFITA, CASA CONSTRUÍDA SOBRE AS ÁGUAS DE UM RIO, NO MUNICÍPIO DE SANTANA DO AMAPÁ, AMAPÁ. FOTO DE 2020.

▲ CASAS ANTIGAS, DO PERÍODO COLONIAL. IGUAPE, SÃO PAULO. FOTO DE 2019.

▲ CASA DE PAU A PIQUE. ITACURUBA, PERNAMBUCO. FOTO DE 2019.

PAU A PIQUE: CONSTRUÇÃO FEITA DE BARRO E VARAS, GALHOS DE ÁRVORE OU BAMBUS.

▲ PRÉDIOS DE APARTAMENTOS, NO MUNICÍPIO DE CAMPO GRANDE, MATO GROSSO DO SUL. FOTO DE 2020.

1 CONVERSE COM OS COLEGAS E O PROFESSOR SOBRE AS QUESTÕES A SEGUIR.

A. QUAL DAS MORADIAS RETRATADAS NAS FOTOS DESTA PÁGINA E DA ANTERIOR SE PARECE MAIS COM A SUA?

B. QUE DIFERENÇAS VOCÊ OBSERVA ENTRE AS MORADIAS MOSTRADAS NAS FOTOS?

C. QUE SEMELHANÇAS EXISTEM ENTRE ESSAS MORADIAS?

OS CÔMODOS DA MORADIA

AS MORADIAS PODEM SER DIVIDIDAS EM DIFERENTES ESPAÇOS, COMO QUARTO, SALA, COZINHA, BANHEIRO, ENTRE OUTROS. ELES SÃO CHAMADOS **CÔMODOS**. NELES, A FAMÍLIA **CONVIVE** E REALIZA VÁRIAS ATIVIDADES.

1 OBSERVE ALGUNS CÔMODOS DE UMA CASA. LIGUE COM UM TRAÇO CADA IMAGEM À LEGENDA CORRETA.

COZINHA: CÔMODO ONDE SÃO PREPARADAS AS REFEIÇÕES. NESSE CÔMODO, AS REFEIÇÕES TAMBÉM PODEM SER SERVIDAS.

QUARTO: CÔMODO ONDE AS PESSOAS DESCANSAM, DORMEM E FAZEM OUTRAS ATIVIDADES QUE NECESSITAM DE SOSSEGO OU DE CONCENTRAÇÃO, COMO ESTUDAR.

SALA: CÔMODO ONDE AS PESSOAS SE REÚNEM PARA CONVERSAR, ASSISTIR À TELEVISÃO, OU FAZER OUTRAS ATIVIDADES SOZINHAS OU EM GRUPO.

- CONVERSE COM O PROFESSOR E OS COLEGAS SOBRE SUA MORADIA. SUA MORADIA TEM OS CÔMODOS REPRESENTADOS NAS IMAGENS ACIMA? EM CASO AFIRMATIVO, EXISTEM OUTROS CÔMODOS ALÉM DESSES? QUAIS?

2 HÁ CÔMODOS NA CASA QUE SÃO MAIS USADOS DE DIA E OUTROS QUE SÃO MAIS USADOS À NOITE.

A. DESENHE O CÔMODO DE SUA CASA ONDE VOCÊ PASSA MAIS TEMPO DURANTE O DIA.

B. AGORA, DESENHE O CÔMODO ONDE VOCÊ PASSA MAIS TEMPO À NOITE.

MORADIAS SEM CÔMODOS

NEM TODAS AS MORADIAS SÃO ORGANIZADAS EM CÔMODOS. ALGUNS POVOS **INDÍGENAS**, POR EXEMPLO, OS **YANOMAMI** E OS **KALAPALO**, VIVEM EM MORADIAS SEM DIVISÕES INTERNAS. NESSAS MORADIAS, DIFERENTES ATIVIDADES SÃO REALIZADAS EM UM ÚNICO ESPAÇO.

INDÍGENAS: POVOS QUE HABITAM OS TERRITÓRIOS ONDE VIVEM HÁ MUITO TEMPO.

NAS MORADIAS YANOMAMIS, VÁRIAS ATIVIDADES SÃO FEITAS NO MESMO ESPAÇO. FOTO DE HABITAÇÃO YANOMAMI EM BARCELOS, AMAZONAS. FOTO DE 2010.

OS KALAPALO SÃO OUTRO POVO INDÍGENA QUE CONSTRÓI SUAS MORADIAS SEM DIVISÃO DE CÔMODOS. FOTO DE MORADIA DOS KALAPALO, NO PARQUE INDÍGENA DO XINGU, EM QUERÊNCIA, MATO GROSSO. FOTO DE 2018.

1 EM GRUPO, CONVERSE COM OS COLEGAS SOBRE QUAIS PODEM SER AS VANTAGENS E AS DESVANTAGENS DE VIVER EM UMA MORADIA COM VÁRIOS CÔMODOS E EM UMA MORADIA SEM CÔMODOS.

2 COM A AJUDA DE UM ADULTO, PESQUISE NA INTERNET COMO É A MORADIA DOS KALAPALO E DOS YANOMAMI E CONTE AOS COLEGAS O QUE VOCÊ DESCOBRIU.

EM CIMA, EMBAIXO

PODEMOS ORGANIZAR OS OBJETOS EM CASA DE DIVERSAS MANEIRAS. PODEMOS COLOCÁ-LOS EM GAVETAS, EM ESTANTES OU EM CAIXAS, POR EXEMPLO. PODEMOS TAMBÉM FIXAR OBJETOS NAS PAREDES, ORGANIZÁ-LOS **EM CIMA** DE UMA SUPERFÍCIE OU **EMBAIXO** DE ALGUM MÓVEL.

OBSERVE O QUARTO REPRESENTADO A SEGUIR. PERCEBA COMO OS OBJETOS ESTÃO DISTRIBUÍDOS DE DIFERENTES MANEIRAS NESSE CÔMODO.

1 AGORA, COMPLETE AS FRASES COM AS PALAVRAS **EM CIMA** OU **EMBAIXO**.

A. O COMPUTADOR ESTÁ _____ DA ESCRIVANINHA.

B. A BOLA ESTÁ _____ DA CAMA.

C. OS PATINS ESTÃO _____ DA ESTANTE.

MANTENDO A ORGANIZAÇÃO

A MORADIA E OS OUTROS LUGARES QUE FREQUENTAMOS DEVEM SER LIMPOS E ORGANIZADOS. É IMPORTANTE QUE TODO MUNDO SEJA RESPONSÁVEL PELA ORGANIZAÇÃO E MANUTENÇÃO DOS AMBIENTES.

TAMBÉM É IMPORTANTE CUIDAR DE NOSSO CORPO. UMA DAS FORMAS DE FAZER ISSO É ADOTAR HÁBITOS DE HIGIENE.

QUANDO LAVAMOS AS MÃOS E ESCOVAMOS OS DENTES, EVITAMOS SER CONTAMINADOS POR **MICRORGANISMOS** QUE TRANSMITEM DOENÇAS.

> **MICRORGANISMO:** SER VIVO TÃO PEQUENO QUE SÓ PODE SER VISTO COM UM APARELHO CHAMADO MICROSCÓPIO, QUE PRODUZ IMAGENS AMPLIADAS.

VEJA ALGUNS HÁBITOS IMPORTANTES A SEGUIR.

- JOGUE O LIXO NO CESTO DE LIXO.
- É BOM TOMAR BANHO TODOS OS DIAS.
- É IMPORTANTE GUARDAR OS BRINQUEDOS DEPOIS DE BRINCAR.
- LAVE SEMPRE AS MÃOS E ESCOVE OS DENTES APÓS AS REFEIÇÕES E ANTES DE DORMIR.

1 COM QUE FREQUÊNCIA VOCÊ COSTUMA REALIZAR CADA UMA DESTAS ATIVIDADES? CONVERSE COM OS COLEGAS.

A ALIMENTAÇÃO

CADA COMUNIDADE, EM CADA ÉPOCA, TEM SEUS COSTUMES NA HORA DE SE ALIMENTAR. POR EXEMPLO, MUITOS PRATICANTES DA RELIGIÃO BUDISTA NÃO SE ALIMENTAM DE CARNE, ISTO É, SÃO VEGETARIANOS.

AO LONGO DO DIA, FAZEMOS VÁRIAS REFEIÇÕES. OS HORÁRIOS, OS NOMES E OS ALIMENTOS QUE COMPÕEM ESSAS REFEIÇÕES VARIAM DE ACORDO COM A FAMÍLIA E A COMUNIDADE DA QUAL ELA FAZ PARTE.

1 COM A ORIENTAÇÃO DO PROFESSOR, ANOTE NO QUADRO OS NOMES DAS REFEIÇÕES QUE VOCÊ FAZ, O PERÍODO DO DIA EM QUE COSTUMA REALIZÁ-LAS E AS PESSOAS QUE ACOMPANHAM VOCÊ EM CADA UMA DELAS.

NOME DA REFEIÇÃO	PERÍODO DO DIA	PESSOAS QUE ACOMPANHAM VOCÊ

2 QUAIS SÃO OS ALIMENTOS DE QUE VOCÊ MAIS GOSTA? VOCÊ TEM O COSTUME DE COMER FRUTAS, VERDURAS E LEGUMES? QUAIS DELES SÃO SEUS FAVORITOS?

APRENDER SEMPRE

1 COM A AJUDA DO PROFESSOR, LEIA O TEXTO E OBSERVE A IMAGEM.

> NA MINHA RUA TEM CASAS TÉRREAS, QUE SÃO CASAS BAIXINHAS COMO A DA TEREZINHA. E TEM CASAS ALTAS, COMO A DO CATAPIMBA, QUE TEM ESCADA DENTRO E CHAMA SOBRADO. E TEM A CASA DO ZECA, QUE FICA EM CIMA DA PADARIA. E TEM O PRÉDIO ONDE MORA O ALVINHO, QUE É BEM ALTO E ATÉ TEM ELEVADOR.
>
> RUTH ROCHA. *A RUA DO MARCELO*. SÃO PAULO: SALAMANDRA, 2001. P. 10.

- AGORA, IDENTIFIQUE NA IMAGEM A REPRESENTAÇÃO DAS MORADIAS CITADAS NO TEXTO. ESCREVA ABAIXO DE CADA UMA O NOME DA CRIANÇA QUE MORA LÁ.

2 TODOS PRECISAM DE UM LUGAR PARA MORAR. A MORADIA DEVE PROTEGER E ACOLHER AS PESSOAS. CONVERSE SOBRE ISSO COM OS COLEGAS E O PROFESSOR.

3 TODOS DEVEM COLABORAR PARA MANTER A MORADIA LIMPA E ORGANIZADA. OBSERVE A HISTÓRIA EM QUADRINHOS.

QUADRINHO DO CARTUNISTA MAURICIO DE SOUSA. "CASCÃO – A VASSOURA", 2007, PUBLICADA NA REVISTA *CASCÃO* Nº 441, EDITORA GLOBO.

A. O QUE O CASCÃO PEDIU À MÃE DELE?

B. O QUE A MÃE DO CASCÃO PENSOU QUE ELE FOSSE FAZER?

C. E O QUE O CASCÃO FEZ COM A VASSOURA?

D. COMO VOCÊ COLABORA COM A ORGANIZAÇÃO E A LIMPEZA DE SUA CASA?

Galeria Jacques Ardies. Fotografia: Jacques Ardies

CAPÍTULO 5

OS VIZINHOS E A VIZINHANÇA

VOCÊ CONHECE MUITOS LUGARES, COMO A CASA ONDE MORA, A CASA DOS VIZINHOS, A ESCOLA, RUAS E PRAÇAS. NO ENTORNO DE NOSSA CASA PODE HAVER VIZINHOS, ANIMAIS E PLANTAS. NESSES LUGARES, PODEMOS CONVIVER COM MUITAS PESSOAS. OBSERVE ESTA PINTURA.

PARA COMEÇO DE CONVERSA

1. QUE ELEMENTOS VOCÊ OBSERVA NESSE LUGAR?

2. A PINTURA REPRESENTA VÁRIAS FAMÍLIAS. COMO AS PESSOAS DAS DIFERENTES FAMÍLIAS PARECEM ESTAR CONVIVENDO UMAS COM AS OUTRAS?

3. VOCÊ CONHECE AS FAMÍLIAS QUE MORAM PERTO DE SUA MORADIA? VOCÊ CONVIVE COM ELAS?

SABER SER

◂ MARA D. TOLEDO. *VIZINHOS NA FAZENDA*. 2019. ÓLEO SOBRE TELA.

SESSENTA E NOVE

QUEM MORA PERTO?

OS VIZINHOS SÃO AS PESSOAS QUE MORAM MAIS PRÓXIMAS DE NOSSA CASA. MAS A PROXIMIDADE ENTRE OS VIZINHOS PODE VARIAR EM CADA LUGAR.

1 OBSERVE AS IMAGENS A SEGUIR E LEIA AS LEGENDAS.

▲ A FAMÍLIA DE FERNANDO MORA EM UM SÍTIO COM POMARES, HORTAS E UM RIACHO PERTO DA CASA DELE.

REPRESENTAÇÃO SEM PROPORÇÃO DE DISTÂNCIA ENTRE OS ELEMENTOS.

▲ JÚLIA E PEDRO MORAM COM O PAI EM UM SOBRADO. NA RUA ONDE ELES MORAM, HÁ OUTRAS FAMÍLIAS QUE TAMBÉM MORAM EM CASAS DESSE TIPO.

A. PINTE DE **VERMELHO** OS ELEMENTOS QUE FERNANDO PODE VER NO ENTORNO DA CASA DELE. PINTE DE **AZUL** OS ELEMENTOS QUE JÚLIA E PEDRO PODEM VER NO ENTORNO DA CASA DELES.

| HORTA | RUA | RIACHO | SOBRADOS | POMAR |

B. QUAL FAMÍLIA DEVE VIVER MAIS PRÓXIMA DE SEUS VIZINHOS? A FAMÍLIA DE FERNANDO OU A FAMÍLIA DE JÚLIA E PEDRO? CONVERSE COM OS COLEGAS E O PROFESSOR.

A VIZINHANÇA

UM GRUPO DE VIZINHOS FORMA UMA COMUNIDADE. AS PESSOAS, AS CASAS EM QUE ELAS MORAM E OS LUGARES ONDE ELAS PODEM SE ENCONTRAR E CONVIVER COMPÕEM UMA **VIZINHANÇA**.

CADA VIZINHANÇA É DE UM JEITO: COM MUITOS OU POUCOS MORADORES, COM ESTRADAS DE TERRA OU PAVIMENTADAS. A VIZINHANÇA PODE TER PRAÇAS, ÁREAS VERDES, PLANTAÇÕES, COMÉRCIO E LUGARES PARA REUNIÕES E FESTAS.

VEJA OS EXEMPLOS A SEGUIR.

▲POVOADO EM UMBURANAS, BAHIA. FOTO DE 2019.

▲MUNICÍPIO DE SÃO LUÍS, MARANHÃO. FOTO DE 2019.

▲PRAÇA EM PIRENÓPOLIS, GOIÁS. FOTO DE 2019.

▲CASA NO MUNICÍPIO DE AREIAS, SÃO PAULO. FOTO DE 2019.

PARA EXPLORAR

TURMA DA MÔNICA: LAÇOS. DIREÇÃO: DANIEL REZENDE. BRASIL: PARIS FILMES, 2019 (97 MIN).

NESSE FILME, UM GRUPO DE AMIGOS, QUE INCLUI MÔNICA, MAGALI, CEBOLINHA E CASCÃO, PASSA POR AVENTURAS NA VIZINHANÇA PARA RESGATAR UM CACHORRINHO PERDIDO.

AS TRANSFORMAÇÕES DOS LUGARES

TODOS OS LUGARES, INCLUSIVE AS VIZINHANÇAS, TRANSFORMAM-SE AO LONGO DO TEMPO.

MUITAS DESSAS TRANSFORMAÇÕES SÃO CAUSADAS PELO TRABALHO DAS PESSOAS.

1 OBSERVE ESTAS IMAGENS. ELAS MOSTRAM O MESMO LUGAR EM DOIS MOMENTOS DIFERENTES.

ANTES

CARTÃO-POSTAL COM IMAGEM DO LARGO SÃO FRANCISCO, NO MUNICÍPIO DE SÃO PAULO. FOTO DE 1910.

DEPOIS

FOTO DO LARGO SÃO FRANCISCO, NO MUNICÍPIO DE SÃO PAULO. FOTO DE 2019.

- O QUE MUDOU NESSE LUGAR AO LONGO DO TEMPO? O QUE PERMANECEU IGUAL?

2 OBSERVE COM ATENÇÃO O CAMINHO QUE VOCÊ FAZ DE CASA PARA A ESCOLA E A SUA VIZINHANÇA. NOS ÚLTIMOS TEMPOS, VOCÊ PERCEBEU ALGUMA MUDANÇA?

- ☐ NÃO PERCEBI NENHUMA MUDANÇA.
- ☐ HÁ CASAS OU PRÉDIOS EM CONSTRUÇÃO.
- ☐ ALGUM PARQUE ESTÁ SENDO REFORMADO.
- ☐ ÁRVORES ESTÃO SENDO PLANTADAS EM ALGUM LUGAR.
- ☐ OUTRA MUDANÇA. QUAL? _____

• CONTE AOS COLEGAS E AO PROFESSOR.

3 AGORA, DESENHE UMA MUDANÇA OBSERVADA EM SUA VIZINHANÇA OU NO CAMINHO QUE VOCÊ FAZ DE CASA PARA A ESCOLA.

MANEIRAS DE CONSTRUIR

AS MORADIAS PODEM SER CONSTRUÍDAS COM DIFERENTES MATERIAIS. ELAS TAMBÉM PODEM SER CONSTRUÍDAS DE DIFERENTES MANEIRAS. VAMOS CONHECER ALGUMAS DELAS.

1. AS PALAFITAS SÃO MORADIAS CONSTRUÍDAS EM ÁREAS ALAGÁVEIS PELAS ÁGUAS DO MAR OU DE UM RIO. ESSE TIPO DE MORADIA É CONSTRUÍDO SOBRE ESTACAS ALTAS, FEITAS DE MADEIRA, PARA EVITAR QUE A CASA SEJA INUNDADA QUANDO O NÍVEL DAS ÁGUAS SUBIR. OBSERVE AS FOTOS E LEIA AS LEGENDAS.

▲ CONSTRUÇÃO DE PALAFITA ÀS MARGENS DO RIO MANACAPURU, AMAZONAS. FOTO DE 2015.

▲ PALAFITA NO RIO AMAZONAS, PRÓXIMA DO MUNICÍPIO DE BELÉM, PARÁ. FOTO DE 2019.

A. PINTE A OPÇÃO CORRETA. ÀS MARGENS DE UM RIO, A CONSTRUÇÃO DAS CASAS DE PALAFITAS COSTUMA OCORRER NO:

- PERÍODO DE SECA DO RIO.
- PERÍODO DE CHEIA DO RIO.

B. ASSINALE O PRINCIPAL MATERIAL USADO NA CONSTRUÇÃO DA PALAFITA.

☐ BARRO   ☐ MADEIRA   ☐ FERRO

2 VEJA OUTRAS MANEIRAS DE CONSTRUIR MORADIAS RETRATADAS NAS FOTOS A SEGUIR. COMPARE AS DUAS FOTOS E, DEPOIS, ENCONTRE A LEGENDA CORRETA DE CADA UMA.

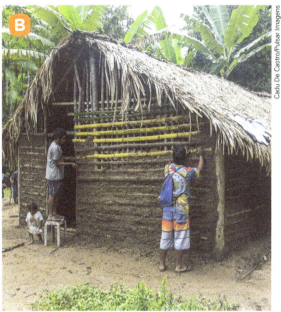

☐ **TAIPA DE MÃO** OU PAU A PIQUE. MORADIA FEITA COM TRANÇADO DE BAMBU E BARRO, MUNICÍPIO DE BERTIOGA, SÃO PAULO. FOTO DE 2021.

☐ CASA DE **ALVENARIA**. MORADIA FEITA DE TIJOLOS DE BARRO UNIDOS POR CIMENTO, MUNICÍPIO DE TAQUARITINGA, SÃO PAULO. FOTO DE 2018.

3 O PROFESSOR VAI ORGANIZAR UMA ATIVIDADE DE CAMPO PARA O RECONHECIMENTO DOS TIPOS DE MORADIA QUE EXISTEM PERTO DA ESCOLA. FAÇA REGISTROS NO CADERNO.

A. DESCREVA AS MORADIAS QUE VOCÊ OBSERVOU.

B. QUE MATERIAIS FORAM UTILIZADOS NA CONSTRUÇÃO DESSAS MORADIAS?

C. VOCÊ OBSERVOU CONSTRUÇÕES MUITO ANTIGAS?

D. FAÇA UM DESENHO DE UMA CONSTRUÇÃO QUE VOCÊ CONHECEU.

QUEM FAZ AS MORADIAS?

AO LONGO DA HISTÓRIA, A MORADIA SEMPRE FOI UMA NECESSIDADE HUMANA.

UMA PRÁTICA ADOTADA AINDA HOJE É A CONSTRUÇÃO DE MORADIAS POR **MUTIRÕES**. NO SISTEMA DE MUTIRÃO, AS PESSOAS SE UNEM PARA CONSTRUIR AS MORADIAS DOS INTEGRANTES DA COMUNIDADE ONDE VIVEM, COMO FAZ O GRUPO RETRATADO NESTA FOTO.

▲ MUTIRÃO DE CONSTRUÇÃO DE MORADIAS NA COMUNIDADE JUÇARAL, NO MUNICÍPIO DE CHAPADINHA, MARANHÃO. FOTO DE 2011.

1. NA COMUNIDADE EM QUE VIVE, VOCÊ JÁ VIU ALGUMA MORADIA CONSTRUÍDA PELO SISTEMA DE MUTIRÃO?

2. O QUE LEVA AS PESSOAS A SE ORGANIZAR EM MUTIRÕES? CONVERSE COM OS COLEGAS E O PROFESSOR SOBRE O ASSUNTO.

3 OUTRAS MORADIAS SÃO CONSTRUÍDAS COM O TRABALHO DE DIFERENTES PROFISSIONAIS, COMO O PEDREIRO, O SERRALHEIRO, O MARCENEIRO, O CARPINTEIRO E O ENGENHEIRO.

- OBSERVEM A IMAGEM E ASSOCIEM OS PROFISSIONAIS AO TRABALHO QUE ELES DESENVOLVEM.

| F | PREPARAM A MASSA, ASSENTAM OS TIJOLOS E ERGUEM AS PAREDES.

☐ SOLDA E INSTALA JANELAS E PORTAS DE FERRO.

☐ MONTA A COBERTURA DE MADEIRA EM QUE AS TELHAS FICAM APOIADAS.

☐ INSTALA OS CANOS POR ONDE PASSARÁ A ÁGUA.

☐ FAZ O PROJETO DA MORADIA, PENSANDO EM APROVEITAR BEM O TERRENO E OBTER BOA ILUMINAÇÃO E VENTILAÇÃO.

☐ INSTALA OS FIOS POR ONDE PASSARÁ A ENERGIA ELÉTRICA.

☐ COBRE AS PAREDES INTERNAS E EXTERNAS COM TINTA.

4 VOCÊ CONHECE ALGUM PROFISSIONAL QUE TRABALHA NA CONSTRUÇÃO DE MORADIAS NA COMUNIDADE EM QUE VIVE? QUAL É A PROFISSÃO DELE?

PESSOAS E LUGARES

A MORADIA YANOMAMI

OS YANOMAMI SÃO UM DOS POVOS INDÍGENAS MAIS ISOLADOS QUE CONHECEMOS. ELES VIVEM NA FLORESTA AMAZÔNICA. AS FAMÍLIAS YANOMAMIS CONSTROEM GRANDES MORADIAS EM FORMATO CIRCULAR, AO REDOR DE UM PÁTIO CENTRAL, CHAMADAS **YANOS** OU **XAPONOS**. ESSA MORADIA PERTENCE A TODAS AS FAMÍLIAS DO GRUPO E PODE ABRIGAR MAIS DE 150 PESSOAS.

NO PÁTIO CENTRAL, ABERTO E SEM COBERTURA, ACONTECEM OS JOGOS, AS FESTAS, AS DANÇAS E OS RITUAIS. OS ESPAÇOS COBERTOS DA MORADIA FICAM AO REDOR DO PÁTIO CENTRAL.

▲ ILUSTRAÇÃO DE MORADIA YANOMAMI.

NA PARTE COBERTA DA MORADIA, HÁ ESPAÇOS DESTINADOS PARA CADA FAMÍLIA. NESSES ESPAÇOS SÃO REALIZADAS DIVERSAS ATIVIDADES: PREPARAR O ALIMENTO, CUIDAR DAS CRIANÇAS, BRINCAR, CONVERSAR, DESCANSAR, DORMIR, ENTRE OUTRAS.

▲ ILUSTRAÇÃO DE MORADIA YANOMAMI.

◀ MORADIA YANOMAMI NO MUNICÍPIO DE BARCELOS, AMAZONAS. FOTO DE 2012.

1. COMO SÃO AS MORADIAS DOS INDÍGENAS YANOMAMI?

2. COMO VIVEM AS FAMÍLIAS DOS YANOMAMI?

3. QUAIS MATERIAIS FORAM UTILIZADOS NA CONSTRUÇÃO DA MORADIA DOS YANOMAMI?

4. NA FOTOGRAFIA, QUAIS ATIVIDADES OS YANOMAMI ESTÃO REALIZANDO? ELAS ACONTECEM DENTRO OU FORA DA MORADIA?

5. COMO VOCÊ E SUA FAMÍLIA SE ORGANIZAM DENTRO DE CASA? O QUE É PARECIDO E O QUE É DIFERENTE DO MODO COMO AS FAMÍLIAS YANOMAMIS SE ORGANIZAM?

APRENDER SEMPRE

1 OBSERVE AS MORADIAS EM CONSTRUÇÃO NESTA FOTO. DEPOIS, CONVERSE COM OS COLEGAS E O PROFESSOR SOBRE AS QUESTÕES A SEGUIR.

▲ CONSTRUÇÃO DE MORADIAS, NO MUNICÍPIO DE CAMPO MOURÃO. PARANÁ. FOTO DE 2020.

A. QUAIS SÃO OS PROFISSIONAIS QUE PROVAVELMENTE TRABALHAM NA CONSTRUÇÃO DESSAS MORADIAS?

B. AS MORADIAS PODEM SER CONSTRUÍDAS COM O TRABALHO DE PESSOAS QUE FAZEM PARTE DA COMUNIDADE OU POR PROFISSIONAIS. VOCÊ ACHA QUE TODOS DEVEM COLABORAR UNS COM OS OUTROS? POR QUÊ?

2 VOCÊ CONHECE SEUS VIZINHOS? COSTUMA CONVIVER COM ELES? MARQUE COM UM **X** AS ATIVIDADES QUE VOCÊ REALIZA OU GOSTARIA DE REALIZAR COM SEUS VIZINHOS.

- ☐ ESTUDAR
- ☐ BRINCAR
- ☐ OUVIR MÚSICAS
- ☐ VER UM FILME
- ☐ LER UM LIVRO
- ☐ PASSEAR

3 OS LUGARES MUDAM AO LONGO DOS MESES DO ANO. EM ALGUNS MESES, FAZ MAIS FRIO. EM OUTROS MESES, FAZ MAIS CALOR.

A. NO LUGAR ONDE VOCÊ MORA, EM QUAIS MESES FAZ MAIS FRIO?

B. NEM TODAS AS PESSOAS TÊM ROUPAS ADEQUADAS PARA USAR NOS PERÍODOS MAIS FRIOS DO ANO. EM SUA OPINIÃO, O QUE É POSSÍVEL FAZER PARA AJUDAR ESSAS PESSOAS?

4 VEJA ESTAS FOTOS DA MESMA AVENIDA EM DUAS ÉPOCAS DIFERENTES E CONVERSE COM OS COLEGAS.

▲ AVENIDA EM SÃO CARLOS, SÃO PAULO. FOTO TIRADA POR VOLTA DE 1909.

▲ A MESMA AVENIDA RETRATADA NA FOTO ANTERIOR, EM 2018.

A. NA FOTO DE 2018, QUE MUDANÇAS VOCÊ OBSERVA NESSA AVENIDA?

B. AS CRIANÇAS PODIAM BRINCAR NESSA AVENIDA EM 1909, ÉPOCA EM QUE A PRIMEIRA FOTO FOI TIRADA? POR QUÊ?

C. EM 2018, AS CRIANÇAS PODIAM BRINCAR NESSA AVENIDA? POR QUÊ?

CAPÍTULO 6

A ESCOLA

Todas as crianças têm o direito de frequentar a escola. Para isso, é preciso que existam escolas em todos os lugares do Brasil. Há diversos tipos de escola. Elas são diferentes, dependendo do lugar onde estão localizadas e da época em que foram construídas.

PARA COMEÇO DE CONVERSA

1. Esta escola se parece com a escola onde você estuda? O que é igual? O que é diferente?

2. Você conhece uma escola que seja muito antiga?

3. Em sua opinião, por que existem diferentes tipos de escola?

SABER SER

Escola Estadual Doutor Álvaro Guião, no município de São Carlos, São Paulo. Foto de 2021.

AS AMIZADES

ALÉM DE SUA FAMÍLIA, VOCÊ CONVIVE COM OUTRAS PESSOAS, COMO AS QUE VOCÊ CONHECE NA ESCOLA. NA ESCOLA, AS CRIANÇAS APRENDEM A LER, A ESCREVER, A CONTAR, E FAZEM NOVOS AMIGOS.

A EDUCAÇÃO É UM DIREITO DE TODAS AS CRIANÇAS, GARANTIDO EM UM CONJUNTO DE LEIS CHAMADO **ESTATUTO DA CRIANÇA E DO ADOLESCENTE** OU **ECA**. O TEXTO A SEGUIR É SOBRE ELE. ACOMPANHE A LEITURA DO PROFESSOR E CONVERSE COM OS COLEGAS SOBRE AS QUESTÕES.

EDUCAÇÃO É ASSUNTO IMPORTANTÍSSIMO! É POR ISSO QUE O ECA ASSEGURA A TODO BRASILEIRINHO AS MESMAS CONDIÇÕES PARA SE MATRICULAR E PERMANECER NUMA ESCOLA PÚBLICA E GRATUITA. [...]

[...] [OS] PAIS TÊM O DIREITO DE SABER SOBRE SEU COMPORTAMENTO E SUAS NOTAS E TAMBÉM DE PARTICIPAR DO PROCESSO DE ENSINO [...].

ASSEGURAR: GARANTIR.

CÂMARA DOS DEPUTADOS. *ECA EM TIRINHAS PARA CRIANÇAS*. 4. ED. BRASÍLIA: EDIÇÕES CÂMARA, 2015. P. 23.

1 DE ACORDO COM O ECA, AS CRIANÇAS PODEM FICAR SEM IR À ESCOLA? POR QUÊ?

2 O QUE VOCÊ JÁ APRENDEU NA ESCOLA?

3 COMO É O SEU DIA A DIA NA ESCOLA ONDE VOCÊ ESTUDA?

AO LONGO DA VIDA ESCOLAR, CONVIVEMOS COM VÁRIOS COLEGAS. DESSA CONVIVÊNCIA, SURGEM AS AMIZADES. ACOMPANHE A LEITURA DO POEMA.

MEUS AMIGOS
QUANDO ME DÃO A MÃO
SEMPRE DEIXAM
OUTRA COISA

PRESENÇA
OLHAR
LEMBRANÇA CALOR

MEUS AMIGOS
QUANDO ME DÃO
DEIXAM NA MINHA
A SUA MÃO

PAULO LEMINSKI. MEUS AMIGOS. EM: *TODA POESIA*. SÃO PAULO: COMPANHIA DAS LETRAS, 2013. P. 102.

4 QUEM SÃO SEUS AMIGOS NA ESCOLA? ANOTE O NOME DE ALGUNS DELES.

5 PINTE DE **MARROM** OS QUADRINHOS COM AS ATIVIDADES QUE VOCÊS COSTUMAM FAZER JUNTOS.

☐ ESTUDAR.   ☐ BRINCAR.

☐ OUVIR MÚSICAS.   ☐ FESTEJAR.

- CONTE À TURMA OUTRA ATIVIDADE QUE VOCÊ COSTUMA REALIZAR COM OS AMIGOS DA ESCOLA.

COMUNIDADE ESCOLAR

NA ESCOLA, NÃO HÁ APENAS ESTUDANTES. EXISTEM VÁRIOS ADULTOS QUE TRABALHAM NA ESCOLA E QUE CONTRIBUEM PARA O DESENVOLVIMENTO ADEQUADO DAS CRIANÇAS.

1 LIGUE OS TRABALHADORES DA ESCOLA A SUAS FUNÇÕES.

COZINHEIROS: RESPONSÁVEIS PELA ALIMENTAÇÃO OFERECIDA AOS ESTUDANTES. TAMBÉM SÃO CHAMADOS DE MERENDEIROS.

PROFESSORES: RESPONSÁVEIS PELO ENSINO DOS ESTUDANTES.

COORDENADORES: RESPONSÁVEIS PELOS PROFESSORES E PELA COMUNICAÇÃO ENTRE A ESCOLA E AS FAMÍLIAS.

SECRETÁRIOS: RESPONSÁVEIS PELA DOCUMENTAÇÃO DA ESCOLA, COMO AS MATRÍCULAS E OS BOLETINS.

DIRETOR: RESPONSÁVEL PELA ORGANIZAÇÃO DE TODA A ESCOLA.

EQUIPE DE LIMPEZA: É FORMADA POR PESSOAS RESPONSÁVEIS PELA LIMPEZA DA ESCOLA.

2 AGORA, VOCÊ VAI IDENTIFICAR AS PESSOAS QUE TRABALHAM NA ESCOLA EM QUE ESTUDA E O QUE CADA UMA DELAS FAZ.

A. COMPLETE O QUADRO COM O NOME E A FUNÇÃO DOS TRABALHADORES DA ESCOLA. SE FALTAR ESPAÇO, COPIE E COMPLETE O QUADRO NO CADERNO.

NOME DO TRABALHADOR	FUNÇÃO

B. ESCOLHA UM DESSES FUNCIONÁRIOS E FAÇA UM DESENHO MOSTRANDO O TRABALHO QUE ELE REALIZA.

C. CONTE À TURMA O NOME DE QUEM VOCÊ DESENHOU E COMO É O TRABALHO DESSA PESSOA.

OS ESPAÇOS DA ESCOLA

DURANTE O PERÍODO DE AULA, VÁRIAS ATIVIDADES SÃO REALIZADAS, TANTO NA SALA DE AULA QUANTO EM OUTROS ESPAÇOS DA ESCOLA, COMO O PÁTIO E A QUADRA DE ESPORTES.

OBSERVE A ILUSTRAÇÃO.

1 QUE ESPAÇO DA ESCOLA FOI REPRESENTADO ACIMA? PINTE DE AZUL O QUADRINHO COM A RESPOSTA CORRETA.

- ☐ CANTINA
- ☐ QUADRA DE ESPORTES
- ☐ PÁTIO
- ☐ SALA DE AULA
- ☐ COZINHA
- ☐ BANHEIRO
- ☐ SECRETARIA
- ☐ LABORATÓRIO DE INFORMÁTICA

2 OBSERVE A IMAGEM NOVAMENTE. DEPOIS, CONTORNE DE VERMELHO AS SITUAÇÕES QUE, EM SUA OPINIÃO, TORNAM O DIA A DIA NA ESCOLA AGRADÁVEL. CONTORNE DE VERDE AS SITUAÇÕES QUE, EM SUA OPINIÃO, NÃO FAVORECEM A BOA CONVIVÊNCIA NA ESCOLA.

3 CONTE AOS COLEGAS COMO VOCÊ RESOLVERIA AS SITUAÇÕES QUE CONTORNOU DE VERDE.

4 OBSERVE A SALA DE AULA DO LUGAR ONDE VOCÊ SE SENTA. COM A AJUDA DO PROFESSOR, ESCREVA O NOME DE UM OBJETO OU MÓVEL QUE VOCÊ VÊ:

A. À SUA FRENTE. _____

B. ATRÁS DE VOCÊ. _____

C. NA PAREDE, À SUA DIREITA. _____

D. NA PAREDE, À SUA ESQUERDA. _____

5 ESCREVA NA REPRESENTAÇÃO A SEGUIR SEU NOME E O NOME DO COLEGA QUE SENTA:

A. AO SEU LADO DIREITO.

B. AO SEU LADO ESQUERDO.

C. À SUA FRENTE.

D. ATRÁS DE VOCÊ.

  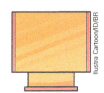

O DIA A DIA NA ESCOLA

ASSIM COMO AS FAMÍLIAS SEGUEM UMA ROTINA EM CASA, A ESCOLA TAMBÉM TEM UMA ROTINA.

1 COM A AJUDA DO PROFESSOR, COMPLETE O QUADRO COM AS ATIVIDADES REALIZADAS NA ESCOLA EM CADA DIA DA SEMANA.

SEGUNDA-FEIRA	
TERÇA-FEIRA	
QUARTA-FEIRA	
QUINTA-FEIRA	
SEXTA-FEIRA	

2 DURANTE O PERÍODO DE AULAS, HÁ UM INTERVALO EM QUE OS ESTUDANTES SE ALIMENTAM E, MUITAS VEZES, APROVEITAM PARA BRINCAR. ESSE INTERVALO COSTUMA SER CHAMADO DE **RECREIO**.

• COM A AJUDA DO PROFESSOR, ESCREVA A HORA:

A. EM QUE O RECREIO COMEÇA. _____

B. EM QUE O RECREIO TERMINA. _____

3 FAÇA UM DESENHO PARA REPRESENTAR UMA ATIVIDADE QUE VOCÊ COSTUMA REALIZAR ANTES DO RECREIO. DEPOIS, FAÇA OUTRO DESENHO REPRESENTANDO UMA ATIVIDADE QUE VOCÊ COSTUMA REALIZAR DURANTE O RECREIO.

ANTES DO RECREIO

DURANTE O RECREIO

4 EM SUA ESCOLA, DE QUE FORMA O HORÁRIO DO RECREIO É INFORMADO? E O HORÁRIO DE IR EMBORA?

PARA EXPLORAR

ESCOLA JATOBAZINHO – PANTANAL
DISPONÍVEL EM: http://www.memoriasdofuturo.com.br/videoaberto/261.
ACESSO EM: 12 FEV. 2021.
NESSE VÍDEO, CONHEÇA ALGUNS COSTUMES DOS ESTUDANTES DA ESCOLA JATOBAZINHO, EM CORUMBÁ, MATO GROSSO DO SUL.

JOGOS E ATIVIDADES

ENTRE AS VÁRIAS ATIVIDADES ESCOLARES, ESTÃO OS **JOGOS**. NEM SEMPRE ELES FORAM CRIADOS COM O OBJETIVO DE ENSINAR. NO PASSADO, OS JOGOS SERVIAM MAIS PARA DIVERTIR E ERAM VOLTADOS SOMENTE PARA OS ADULTOS.

A IMAGEM A SEGUIR FOI FEITA HÁ MUITOS ANOS E MOSTRA DIFERENTES TIPOS DE BRINCADEIRA.

◀ PIETER BRUEGEL. *JOGOS INFANTIS*, 1560. ÓLEO SOBRE MADEIRA.

1 ALGUNS DOS JOGOS REGISTRADOS NESSA IMAGEM SÃO COMUNS ATÉ HOJE. IDENTIFIQUE DOIS DELES E CONTORNE CADA JOGO COM UMA COR. DEPOIS, ANOTE O NOME DOS JOGOS E PINTE OS QUADRINHOS COM AS CORES ESCOLHIDAS.

2 QUAIS JOGOS VOCÊ E A TURMA REALIZAM NA ESCOLA? EM SUA OPINIÃO, O QUE VOCÊS APRENDEM COM ESSES JOGOS?

REGISTROS

DOMINÓ

NA ESCOLA ONDE VOCÊ ESTUDA, OU COM SUA FAMÍLIA E SEUS AMIGOS, VOCÊ COSTUMA JOGAR DOMINÓ? ESSE JOGO EXISTE HÁ MUITO TEMPO E NÃO SE SABE AO CERTO QUAL POVO O INVENTOU. DURANTE ESSE TEMPO TODO, SURGIRAM MUITAS VERSÕES DESSE JOGO. ATUALMENTE, A VERSÃO MAIS COMUM É COMPOSTA DE 28 PEÇAS. OBSERVE AS IMAGENS E ACOMPANHE A LEITURA DAS LEGENDAS.

▲ PEÇAS ANTIGAS DE DOMINÓ, FEITAS DE MARFIM. CADA PEÇA É DIVIDIDA EM DUAS PARTES E CADA PARTE APRESENTA UMA QUANTIDADE DE PONTOS PRETOS, REPRESENTANDO NÚMEROS DE 0 A 6.

▲ ESTUDANTES DE ESCOLA NO MUNICÍPIO DE SÃO PAULO JOGAM UMA VERSÃO DE JOGO DE DOMINÓ EM QUE CADA PARTE DAS PEÇAS APRESENTA UMA ILUSTRAÇÃO. FOTO DE 2017.

1 VOCÊ CONHECE O JOGO DE DOMINÓ? EM CASO AFIRMATIVO, RESPONDA ÀS QUESTÕES.

   A. O DOMINÓ QUE VOCÊ CONHECE É MAIS PARECIDO COM O DA IMAGEM **A** OU COM O DA IMAGEM **B**?

   B. QUAIS SÃO AS REGRAS DESSE JOGO?

2 PERGUNTE ÀS PESSOAS QUE MORAM COM VOCÊ SE ELAS JOGAM DOMINÓ. HÁ DIFERENÇAS ENTRE O MODO DE JOGAR EM CASA E NA ESCOLA?

VAMOS LER IMAGENS!

CRACHÁ

O CRACHÁ É UM OBJETO DE IDENTIFICAÇÃO. HÁ ESCOLAS, POR EXEMPLO, EM QUE ESTUDANTES, PROFESSORES E OUTROS FUNCIONÁRIOS USAM CRACHÁS.

EM GERAL, ELE É AFIXADO À ROUPA OU PENDURADO NO PESCOÇO. O CRACHÁ REPRODUZIDO A SEGUIR PERTENCE A UMA ESTUDANTE. OBSERVE AS INFORMAÇÕES QUE ELE APRESENTA.

▲ REPRODUÇÃO DE CRACHÁ ESCOLAR.

A FOTO DO CRACHÁ DEVE PERMITIR A IDENTIFICAÇÃO RÁPIDA DA PESSOA.

GERALMENTE, ELA DESTACA O ROSTO DA PESSOA. O FUNDO DA IMAGEM COSTUMA SER NEUTRO, ISTO É, NÃO HÁ OUTROS ELEMENTOS RETRATADOS.

AGORA É A SUA VEZ

1 OBSERVE ESTE CRACHÁ E CONTORNE OS SEGUINTES ITENS NO DOCUMENTO, DE ACORDO COM AS CORES A SEGUIR.

▲ REPRODUÇÃO DE CRACHÁ ESCOLAR.

- 🟢 NOME DA ESCOLA.
- 🔵 INFORMAÇÕES SOBRE A TURMA DO DONO DO CRACHÁ.
- 🔴 NOME DO DONO DO CRACHÁ.
- 🟣 FOTO DO DONO DO CRACHÁ.

2 OBSERVE A FOTO DO CRACHÁ. QUAIS SÃO AS CARACTERÍSTICAS DELA? MARQUE COM UM **X**.

- ☐ FUNDO COM VÁRIAS CORES.
- ☐ FUNDO DE UMA COR.
- ☐ É FÁCIL IDENTIFICAR A PESSOA.
- ☐ FOTO DE CORPO INTEIRO.
- ☐ A PESSOA RETRATADA É UMA CRIANÇA.
- ☐ FOTO APENAS DO ROSTO.
- ☐ A PESSOA RETRATADA É UM ADULTO.

3 NA ESCOLA EM QUE VOCÊ ESTUDA, É COMUM O USO DE CRACHÁ? QUE INFORMAÇÕES ELE APRESENTA?

4 NÃO COSTUMAMOS USAR CRACHÁ EM CASA. POR QUÊ?

APRENDER SEMPRE

1 O POEMA A SEGUIR É SOBRE A ESCOLA. ACOMPANHE A LEITURA DO PROFESSOR E DEPOIS CONVERSE COM OS COLEGAS SOBRE AS QUESTÕES.

> A MAIORIA DAS CRIANÇAS FREQUENTA A ESCOLA.
> [...] ALGUMAS ESTUDAM EM CASA.
> OUTRAS NÃO QUEREM IR PARA A ESCOLA.
> E HÁ AS QUE AINDA SÃO MUITO PEQUENAS PARA IR.
>
> MARY HOFFMAN. *O GRANDE E MARAVILHOSO LIVRO DAS FAMÍLIAS*.
> SÃO PAULO: SM, 2010. P. 14 E 15.

A. ALÉM DE ESTUDAR NA ESCOLA, VOCÊ COSTUMA ESTUDAR EM CASA? MARQUE COM UM **X**.

☐ SIM. ☐ NÃO.

B. QUANTOS ANOS VOCÊ TINHA QUANDO COMEÇOU A IR À ESCOLA?

ANOTE A IDADE AQUI: _____

C. VOCÊ CONHECE CRIANÇAS QUE NÃO VÃO À ESCOLA? O QUE VOCÊ PENSA SOBRE ISSO?

D. O QUE VOCÊ DIRIA PARA CONVENCER UMA CRIANÇA A IR À ESCOLA?

SABER SER

2 ESCOLHA TRÊS PESSOAS QUE CONVIVEM COM VOCÊ NA ESCOLA E COMPLETE O QUADRO A SEGUIR COM O NOME, A FUNÇÃO NA ESCOLA E A FASE DA VIDA DE CADA PESSOA.

	NOME	FUNÇÃO NA ESCOLA	FASE DA VIDA
1.			
2.			
3.			

3 COMO VOCÊ VIU, TODOS OS PROFISSIONAIS QUE TRABALHAM NA ESCOLA TÊM RESPONSABILIDADES E TAREFAS A CUMPRIR, PARA QUE TUDO FUNCIONE BEM.

- QUAIS SÃO AS RESPONSABILIDADES DOS ESTUDANTES NA ESCOLA? CONVERSE SOBRE ISSO COM OS COLEGAS E O PROFESSOR.

SABER SER

4 NA ESCOLA EM QUE VOCÊ ESTUDA, HÁ UM PROFISSIONAL RESPONSÁVEL PELA LIMPEZA? PARA CONHECER MAIS SOBRE O TRABALHO DELE, VOCÊ E OS COLEGAS VÃO FAZER UMA ENTREVISTA COM ELE.

- O PROFESSOR VAI MARCAR UM DIA E UM HORÁRIO PARA A ENTREVISTA.
- NO DIA MARCADO, VOCÊS PODEM USAR ESTAS PERGUNTAS PARA ENTREVISTAR O FUNCIONÁRIO. SE QUISEREM, VOCÊS PODEM FAZER OUTRAS PERGUNTAS.

   A. QUAL É SEU NOME?

   B. HÁ QUANTO TEMPO VOCÊ TRABALHA NESTA ESCOLA?

   C. QUAL É A PARTE DE SEU TRABALHO DE QUE MAIS GOSTA?

   D. O QUE É MAIS DIFÍCIL EM SUA PROFISSÃO?

CAPÍTULO 7
CAMINHOS PARA A ESCOLA

REPRESENTAÇÃO SEM PROPORÇÃO DE TAMANHO E DE DISTÂNCIA ENTRE OS ELEMENTOS.

◀ REPRESENTAÇÃO DE UM BAIRRO.

ANTES DE IR À ESCOLA, VOCÊ SE PREPARA REALIZANDO ATIVIDADES COMO TOMAR BANHO. ENTRE A CASA E A ESCOLA, VOCÊ OBSERVA OS ELEMENTOS DO CAMINHO. NESSE TRAJETO, VOCÊ TAMBÉM ENCONTRA CRIANÇAS E JOVENS QUE ESTÃO INDO À ESCOLA.

PARA COMEÇO DE CONVERSA

1. O QUE A ILUSTRAÇÃO ESTÁ REPRESENTANDO?

2. O PARQUE É PRÓXIMO DA ESCOLA? E O HOSPITAL?

3. QUAL É O CAMINHO QUE VOCÊ FAZ PARA IR À ESCOLA? POR QUAIS LUGARES VOCÊ COSTUMA PASSAR?

SABER SER

ANTES DE SAIR DE CASA

PARTE DE SUA ROTINA NO DIA É SE PREPARAR PARA IR À ESCOLA. MUITAS CRIANÇAS REALIZAM ATIVIDADES SEMELHANTES ANTES DE SAIR DE CASA.

ESTE TEXTO É RESULTADO DE UMA PESQUISA SOBRE ESSAS ATIVIDADES. ACOMPANHE A LEITURA DO PROFESSOR.

> [...] NA PREPARAÇÃO PARA IR À ESCOLA [...], AS CRIANÇAS REALIZARAM AS MESMAS ATIVIDADES: ACORDAR, TOMAR BANHO, ESCOVAR DENTES, VESTIR A ROUPA, CALÇAR SAPATOS, PREPARAR/SERVIR A REFEIÇÃO, ALIMENTAÇÃO E ORGANIZAR O MATERIAL ESCOLAR.
>
> MAUREANNA CARDOSO ALVÃO E LÍLIA IÊDA CHAVES CAVALCANTE. TRANSIÇÕES COTIDIANAS ENTRE A FAMÍLIA E A ESCOLA: ATIVIDADES E RELAÇÕES DE CRIANÇAS NESSES CONTEXTOS ECOLÓGICOS. *ESTUDOS E PESQUISAS EM PSICOLOGIA*, V. 15, N. 2, 2015. DISPONÍVEL EM: http://www.e-publicacoes.uerj.br/index.php/revispsi/article/view/17662/13059. ACESSO EM: 16 FEV. 2021.

1 CONTORNE DE **ROXO** AS ATIVIDADES CITADAS NO TEXTO QUE VOCÊ COSTUMA REALIZAR ANTES DE IR À ESCOLA.

2 CONVERSE COM OS COLEGAS SOBRE A IMPORTÂNCIA DE REALIZAR ESSAS ATIVIDADES.

3 QUE PESSOA DE SUA FAMÍLIA ACOMPANHA VOCÊ DURANTE A REALIZAÇÃO DESSAS ATIVIDADES?

4 FORME DUPLA COM UM COLEGA. CONVERSEM SOBRE AS OUTRAS ATIVIDADES QUE VOCÊS COSTUMAM REALIZAR ANTES DE IR À ESCOLA. A ROTINA DE VOCÊS É PARECIDA OU É DIFERENTE? PINTEM DE **AMARELO** O QUADRINHO COM A RESPOSTA.

☐ É PARECIDA.   ☐ É DIFERENTE.

INDO À ESCOLA

NO BRASIL DO PASSADO, APENAS AS CRIANÇAS DE FAMÍLIAS RICAS ESTUDAVAM E ELAS NÃO SAÍAM DE CASA PARA TER AULAS. ERAM OS PROFESSORES QUE IAM À CASA DELAS.

HOJE, HÁ MUITOS MEIOS DE IR À ESCOLA: A PÉ, DE CARRO, A CAVALO, DE PERUA ESCOLAR, DE CARROÇA, DE BARCO, DE ÔNIBUS, DE TREM, DE METRÔ, ENTRE OUTROS.

SEJA QUAL FOR O MEIO, É IMPORTANTE ESTAR ATENTO À SUA SEGURANÇA E SEGUIR AS ORIENTAÇÕES DA PESSOA RESPONSÁVEL POR VOCÊ NO TRAJETO. NO MUNICÍPIO DE BICAS, EM MINAS GERAIS, OS ESTUDANTES PODEM IR À ESCOLA DE BICICLETA. OBSERVE A FOTO A SEGUIR E VEJA OS EQUIPAMENTOS DE SEGURANÇA QUE ELES UTILIZAM.

AO ANDAR DE BICICLETA NA RUA, É IMPORTANTE SER ACOMPANHADO POR UM RESPONSÁVEL E SEGUIR AS ORIENTAÇÕES DELE, ALÉM DE USAR CAPACETE E ESTAR ATENTO AOS OUTROS VEÍCULOS. MUNICÍPIO DE BICAS, MINAS GERAIS. FOTO DE 2013.

5 COMO VOCÊ VAI À ESCOLA?

6 QUEM É A PESSOA QUE LEVA VOCÊ À ESCOLA?

7 NO CAMINHO, QUE ATITUDES VOCÊ PRECISA TER PARA GARANTIR SUA SEGURANÇA? ANOTE E CONTE AOS COLEGAS E AO PROFESSOR.

DIFERENTES CAMINHOS

DEPOIS DE CHEGAR À ESCOLA, VOCÊ PASSA UMA PARTE DO SEU DIA NELA. VOCÊ FAZ DIVERSAS ATIVIDADES EM DIFERENTES ESPAÇOS E MOMENTOS E CONVIVE COM MUITAS PESSOAS NESSE AMBIENTE. OBSERVE A IMAGEM A SEGUIR E CONVERSE COM OS COLEGAS E O PROFESSOR.

1. QUE ATIVIDADES AS CRIANÇAS ESTÃO REALIZANDO NESSAS IMAGENS? VOCÊ REALIZA ESSAS MESMAS ATIVIDADES NA ESCOLA?

2. QUE OUTRAS ATIVIDADES VOCÊ REALIZA NA ESCOLA?

3. ALÉM DOS COLEGAS, QUEM SÃO AS OUTRAS PESSOAS COM AS QUAIS VOCÊ CONVIVE NA ESCOLA? O QUE ELAS FAZEM?

4. SEUS COLEGAS FAZEM CAMINHOS PARECIDOS OU DIFERENTES DO SEU CAMINHO PARA CHEGAR À ESCOLA?

PARA EXPLORAR

DA COLINA KOKURIKO. DIREÇÃO: GORO MIYAZAKI. JAPÃO: STUDIO GHIBLI, 2011 (92 MIN).

NESSE FILME, UM GRUPO DE ESTUDANTES SE REÚNE PARA TRANSFORMAR A ROTINA DA ESCOLA.

O CAMINHO DE CASA PARA A ESCOLA

PARA IR DE UM LUGAR A OUTRO, PERCORREMOS UM CAMINHO. VOCÊ CONHECE O CAMINHO DE SUA CASA ATÉ A ESCOLA? O QUE VOCÊ OBSERVA NESSE CAMINHO?

1 OBSERVE ESTA REPRESENTAÇÃO E ACOMPANHE A LEITURA DO PROFESSOR.

JÚLIA MORA NA CASA BRANCA EM FRENTE À PRAÇA. TODAS AS MANHÃS, ELA VAI A PÉ PARA A ESCOLA, SEGUINDO PELA RUA ONDE MORA.

A. NO MAPA, TRACE DE AZUL O CAMINHO MAIS CURTO FEITO POR JÚLIA DA CASA DELA ATÉ A ESCOLA.

B. PARA CHEGAR À ENTRADA DA ESCOLA, CAMINHANDO PELA RUA ONDE ELA MORA, PARA QUAL LADO JÚLIA DEVE VIRAR AO CHEGAR À RUA ONDE FICA A ESCOLA?

☐ LADO DIREITO   ☐ LADO ESQUERDO

TRAJETO

PARA IR DE UM LOCAL A OUTRO, PRECISAMOS PERCORRER UM TRAJETO, OU SEJA, UM CAMINHO.

OBSERVE A IMAGEM A SEGUIR. A LINHA VERMELHA REPRESENTA O TRAJETO QUE MARIA FAZ TODOS OS DIAS ENTRE A CASA ONDE MORA E A PADARIA ONDE TRABALHA. PERCEBA QUE ELA PRECISA SEGUIR PARA LADOS DIFERENTES NESSE CAMINHO.

1. ACOMPANHE A LEITURA DO PROFESSOR E COMPLETE O TEXTO COM A PALAVRA ADEQUADA.

   - NO TRAJETO DE VOLTA PARA CASA, QUANDO MARIA CHEGA À POSIÇÃO MARCADA COM UM **X**, ELA DEVE VIRAR À _____ NA RUA ONDE MORA.

2. AGORA, EM UMA FOLHA AVULSA DE PAPEL, DESENHE UM TRAJETO ENTRE A CASA ONDE VOCÊ MORA E OUTRO LUGAR QUE VOCÊ FREQUENTA PRÓXIMO A ELA. REPRESENTE O QUE ESTÁ DE CADA LADO NESSE TRAJETO.

A HORA DA ENTRADA

TUDO COMEÇA COM A HORA DA ENTRADA. NESSE MOMENTO, É POSSÍVEL ENCONTRAR ALGUNS FUNCIONÁRIOS DA ESCOLA E OS COLEGAS.

NO GRUPO ESCOLAR ANATALINO PINA MEDRADO, EM MUCUGÊ, BAHIA, POR EXEMPLO, AS TURMAS DO PRIMEIRO ANO COSTUMAM ESTUDAR NO PERÍODO DA TARDE. MUITOS DOS ESTUDANTES MORAM LONGE DESSA ESCOLA E PRECISAM SAIR DE CASA CERCA DE UMA HORA ANTES DO HORÁRIO DA ENTRADA.

◄ ENTRADA DO GRUPO ESCOLAR ANATALINO PINA MEDRADO, EM MUCUGÊ, BAHIA. FOTO DE 2014.

1 COMPLETE AS FRASES A SEGUIR COM INFORMAÇÕES SOBRE A HORA DA ENTRADA NA ESCOLA ONDE VOCÊ ESTUDA.

A. O HORÁRIO DA ENTRADA DA MINHA TURMA É ÀS _____.

B. NA ENTRADA DA ESCOLA, SOU RECEBIDO POR _____

_____

_____

2 OBSERVE A FOTO DESTA PÁGINA. QUANDO VOCÊ CHEGA À ESCOLA ONDE ESTUDA, O MOMENTO DA ENTRADA É PARECIDO OU É DIFERENTE DA ESCOLA RETRATADA? CONVERSE COM OS COLEGAS E O PROFESSOR.

A ESCOLA TAMBÉM MUDA

COMO ERAM AS ESCOLAS EM OUTROS TEMPOS?

NO PASSADO, ALGUNS COSTUMES NA ESCOLA ERAM DIFERENTES DOS QUE EXISTEM HOJE.

1 VEJA DOIS EXEMPLOS DE SALAS DE AULA NO PASSADO. LEIA AS LEGENDAS COM A AJUDA DO PROFESSOR.

ESCOLA NO MUNICÍPIO DE SÃO PAULO. FOTO DE 1908.

ESCOLA EM BELO HORIZONTE, MINAS GERAIS. FOTO DE 1910.

A. EM CADA LEGENDA, IDENTIFIQUE E SUBLINHE DE **VERMELHO** O LOCAL EM QUE A FOTO FOI TIRADA E DE **AZUL** O ANO EM QUE ELA FOI TIRADA.

B. EM QUAL FOTO A TURMA É COMPOSTA DE MENINOS E MENINAS? _____.

2 COMPARE AS SALAS DE AULA RETRATADAS NA PÁGINA ANTERIOR COM A SALA DE AULA EM QUE VOCÊ ESTUDA.

A. O QUE ELAS TÊM DE PARECIDO?

B. EM QUE ELAS SÃO DIFERENTES?

3 NAS ESCOLAS, SÃO REALIZADAS FESTAS E COMEMORAÇÕES. ACOMPANHE COM O PROFESSOR A LEITURA DO TEXTO E RESPONDA ÀS QUESTÕES A SEGUIR.

> OS MORADORES DO MUNICÍPIO DE RIO BRANCO DO SUL, NA REGIÃO METROPOLITANA DE CURITIBA, COMEMORAM [...] O **CENTENÁRIO** DE FUNDAÇÃO DO COLÉGIO ESTADUAL MARIA DA LUZ FURQUIM. FUNDADA EM 1914, A ESCOLA TORNOU-SE REFERÊNCIA PARA OS 30 MIL HABITANTES DO MUNICÍPIO. [...]
>
> [...] O MUNICÍPIO PAROU PARA COMEMORAR JUNTO COM OS 1400 ALUNOS O ANIVERSÁRIO DA ESCOLA. OS ESTUDANTES DESFILARAM PELAS RUAS DO CENTRO DA CIDADE EM BLOCOS QUE CONTAVAM UM POUCO DAS ATIVIDADES QUE SÃO DESENVOLVIDAS NA ESCOLA.
>
> SECRETARIA DA EDUCAÇÃO E DO ESPORTE DO ESTADO DO PARANÁ. ESCOLA COMEMORA 100 ANOS E HOMENAGEIA PROFESSORES. DISPONÍVEL EM: http://www.educacao.pr.gov.br/Noticia/Escola-comemora-100-anos-e-homenageia-professores#. ACESSO EM: 17 FEV. 2021.

CENTENÁRIO: QUE TEM 100 ANOS.

A. A ESCOLA COMEMOROU O ANIVERSÁRIO DE 100 ANOS EM 2014. SUBLINHE NO TEXTO O NOME DELA.

B. O NOME DA ESCOLA MENCIONADA NO TEXTO FOI UMA HOMENAGEM A MARIA DA LUZ FURQUIM. VOCÊ CONHECE A ORIGEM DO NOME DA ESCOLA ONDE VOCÊ ESTUDA? SE SOUBER, CONTE AOS COLEGAS.

C. VOCÊ JÁ PARTICIPOU DE ALGUMA FESTA NA ESCOLA ONDE VOCÊ ESTUDA? EM CASO POSITIVO, DE QUAL FESTA VOCÊ MAIS GOSTOU?

PESSOAS E LUGARES

BARCOS-ESCOLAS NO AMAZONAS

QUEM DISSE QUE ESCOLA É SÓ EM TERRA FIRME E APENAS PARA CRIANÇAS?

NA REGIÃO DA FLORESTA AMAZÔNICA, NO NORTE DO BRASIL, HÁ ESCOLAS QUE FUNCIONAM EM GRANDES BARCOS. POR ISSO, ELAS SÃO CHAMADAS DE **BARCOS-ESCOLAS**.

NESSAS ESCOLAS, SÃO OFERECIDOS CURSOS PROFISSIONALIZANTES, ISTO É, CURSOS QUE ENSINAM A JOVENS E ADULTOS ATIVIDADES DE UMA PROFISSÃO. PORTANTO, É UMA ESCOLA ONDE OS ESTUDANTES NÃO SÃO MAIS CRIANÇAS.

OS BARCOS-ESCOLAS ATENDEM ÀS COMUNIDADES RIBEIRINHAS, QUE SÃO FORMADAS POR FAMÍLIAS QUE VIVEM ÀS MARGENS DOS RIOS. HÁ TAMBÉM ESTUDANTES INDÍGENAS DE DIFERENTES POVOS.

▲ OS CURSOS OFERECIDOS PELOS BARCOS-ESCOLAS SAMAÚMA 1 E SAMAÚMA 2 DURAM CERCA DE 2 ANOS E MEIO. DURANTE ESSE PERÍODO, O BARCO-ESCOLA FICA ANCORADO EM UM PORTO. NA FOTO, SAMAÚMA 1 EM PORTO DE MAZAGÃO, AMAPÁ, EM 2017.

NOS BARCOS-ESCOLAS, HÁ DIVERSOS TIPOS DE SALAS DE AULAS E LABORATÓRIOS. NA FOTO, ESTUDANTES E PROFESSOR NO LABORATÓRIO DE INFORMÁTICA DO SAMAÚMA 1, EM MAZAGÃO, AMAPÁ, 2014.

NAS SALAS DE AULA, OS ESTUDANTES ACOMPANHAM AS AULAS TEÓRICAS E, NOS LABORATÓRIOS, AS AULAS PRÁTICAS. NA FOTO, ESTUDANTES E PROFESSOR DO CURSO DE MECÂNICA DO SAMAÚMA 1, MAZAGÃO, AMAPÁ, EM 2015.

1. QUAL FUNCIONÁRIO DA ESCOLA APARECE NAS FOTOS?

2. QUEM SÃO OS ESTUDANTES QUE FREQUENTAM OS BARCOS-ESCOLAS SAMAÚMA 1 E SAMAÚMA 2?

3. EM SUA OPINIÃO, ESSE TIPO DE ESCOLA É IMPORTANTE? POR QUÊ?

4. QUE SEMELHANÇAS E DIFERENÇAS HÁ ENTRE ESSE TIPO DE ESCOLA E A ESCOLA ONDE VOCÊ ESTUDA?

APRENDER SEMPRE

1 COMPARE AS FOTOS A SEGUIR COM A AJUDA DO PROFESSOR.

▲ MUNICÍPIO DE SÃO PAULO. FOTO DE 1958.

▲ MUNICÍPIO DE SÃO PAULO. FOTO DE 2021.

- COMPLETE AS FRASES COM UMA DAS PALAVRAS DOS QUADROS.

A. AS DUAS FOTOS RETRATAM _____ E ESTUDANTES.

COORDENADOR   DIRETOR   PROFESSORES

B. NAS DUAS FOTOS, HÁ _____ PROFESSORES DO QUE ESTUDANTES.

MAIS   MENOS

C. A FOTO **A** RETRATA UMA CENA MAIS _____.

A FOTO **B** RETRATA UMA CENA MAIS _____.

RECENTE   ANTIGA

D. AS DUAS FOTOS RETRATAM UMA AULA DE _____.

ARTE   EDUCAÇÃO FÍSICA   MATEMÁTICA

2 DESENHE, NESTE ESPAÇO, O CAMINHO QUE VOCÊ FAZ DA CASA ONDE MORA ATÉ A ESCOLA. REPRESENTE TAMBÉM OS ELEMENTOS QUE MAIS CHAMAM SUA ATENÇÃO NESSE TRAJETO.

- MOSTRE SEU DESENHO AOS COLEGAS E VEJA OS DELES. HÁ ELEMENTOS SEMELHANTES NOS DESENHOS? QUAIS?

3 PENSE NA SEGUINTE SITUAÇÃO: A TURMA RECEBEU UM NOVO COLEGA E ELE AINDA NÃO CONHECE NINGUÉM. O QUE VOCÊ FARIA PARA AJUDAR ESSE COLEGA A SE ENTURMAR? MARQUE COM UM **X**.

SABER SER

☐ ESPERARIA QUE ELE CHEGASSE PERTO DE VOCÊ.

☐ CHAMARIA O COLEGA PARA BRINCAR COM VOCÊ E SEUS AMIGOS.

☐ DEIXARIA QUE ELE FICASSE SOZINHO ATÉ SE ACOSTUMAR.

☐ CONVIDARIA O COLEGA PARA BRINCAR EM SUA CASA.

CAPÍTULO 8

DIFERENTES LUGARES, DIFERENTES PESSOAS

EXISTEM MUITOS LUGARES COM CARACTERÍSTICAS E HISTÓRIAS DIFERENTES. ESSES LUGARES SÃO ESPAÇOS DE VIVÊNCIA E ELES MUDAM AO LONGO DO TEMPO. NESSES ESPAÇOS, PODEMOS ENCONTRAR PESSOAS E REALIZAR MUITAS ATIVIDADES.

PARA COMEÇO DE CONVERSA

1. O QUE A IMAGEM MOSTRA? QUE ATIVIDADES PODEM SER REALIZADAS EM LUGARES COMO ESSE?

2. VOCÊ ACHA IMPORTANTE TER LUGARES COMO ESSE? POR QUÊ?

3. VOCÊ ACHA QUE OS LUGARES MUDAM AO LONGO DO TEMPO? POR QUÊ?

SABER SER

◀ PRAÇA NO MUNICÍPIO DE PELOTAS, RIO GRANDE DO SUL. FOTO DE 2020.

ESPAÇOS DE TODOS

OS MORADORES SÃO OS RESPONSÁVEIS POR DEFINIR AS REGRAS EM CADA MORADIA E CUIDAR DELAS.

MAS QUEM CUIDA DO QUE ESTÁ FORA DA MORADIA? ESPAÇOS, COMO RUAS, PARQUES E PRAÇAS, PERTENCEM A TODOS, ISTO É, SÃO **PÚBLICOS**. POR ISSO, AS PESSOAS PODEM REALIZAR DIFERENTES ATIVIDADES NELES. MAS ELAS TAMBÉM DEVEM AJUDAR A CUIDAR DESSES ESPAÇOS. VEJA ESTAS FOTOS.

▲ PESSOAS UTILIZANDO A CICLOVIA, EM FLORIANÓPOLIS, SANTA CATARINA. FOTO DE 2020.

▲ VENDEDORAS DE PIPOCA, EM VITÓRIA DA CONQUISTA, BAHIA. FOTO DE 2019.

▲ PARQUE UTILIZADO PARA LAZER, EM JUNDIAÍ, SÃO PAULO. FOTO DE 2019.

▲ FESTA TRADICIONAL REISADO NO MUNICÍPIO DE EXU, PERNAMBUCO. FOTO DE 2019.

1 MARQUE COM UM **X** AS ATIVIDADES RETRATADAS NESSAS FOTOS QUE TAMBÉM OCORREM NOS ESPAÇOS PÚBLICOS PERTO DE SUA MORADIA.

DENTRO E FORA

EM ALGUNS CASOS, VOCÊ TAMBÉM PODE USAR NOÇÕES DE **DENTRO** E **FORA** PARA EXPLICAR A ALGUÉM A LOCALIZAÇÃO DE PESSOAS OU OBJETOS. NESTAS IMAGENS, CADA UM DOS CÍRCULOS REPRESENTA UM LUGAR. OBSERVE AS FIGURAS.

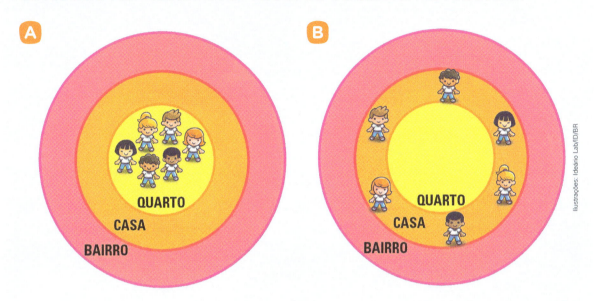

1 COMPLETE AS FRASES COM AS PALAVRAS **DENTRO** OU **FORA**.

- NA FIGURA **A**, AS CRIANÇAS ESTÃO _____ DO CÍRCULO QUE REPRESENTA O QUARTO.

- NA FIGURA **B**, AS CRIANÇAS ESTÃO _____ DO CÍRCULO QUE REPRESENTA O QUARTO.

2 DESENHE UM PONTO DENTRO DO CÍRCULO DA CASA E FORA DO QUARTO NA FIGURA **A**.

3 DESENHE UM **X** FORA DO CÍRCULO DA CASA NA FIGURA **B**.

4 AGORA, VOCÊS VÃO BRINCAR DE "DENTRO OU FORA". AO COMANDO DO PROFESSOR, VOCÊS DEVERÃO SE DESLOCAR PARA DENTRO OU PARA FORA DO ESPAÇO QUE ELE VAI INDICAR. FIQUEM ATENTOS!

AS REGRAS NOS ESPAÇOS PÚBLICOS

ASSIM COMO NAS MORADIAS, HÁ REGRAS QUE DEVEM SER SEGUIDAS NOS ESPAÇOS PÚBLICOS.

OBSERVE NAS FOTOS A SEGUIR ALGUMAS REGRAS PARA A BOA CONVIVÊNCIA NOS ESPAÇOS PÚBLICOS.

▶ PLACA EM PRAIA NO MUNICÍPIO DE MACEIÓ, ALAGOAS. FOTO DE 2019.

▲ CAMPANHA DE ORIENTAÇÃO SOBRE O USO DE MÁSCARAS, NO MUNICÍPIO DE BADY BASSITT, SÃO PAULO. FOTO DE 2020.

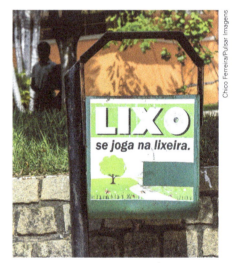

▲ LIXEIRA NO MUNICÍPIO DE TEÓFILO OTONI, MINAS GERAIS. FOTO DE 2019.

▶ ESCADA ROLANTE NO METRÔ DO MUNICÍPIO DE SÃO PAULO. FOTO DE 2019.

1 OBSERVE NOVAMENTE AS FOTOS DA PÁGINA ANTERIOR. DEPOIS, LIGUE CADA REGRA A SEU OBJETIVO.

REGRAS DE BOA CONVIVÊNCIA	OBJETIVO DAS REGRAS
JOGAR O LIXO NO CESTO DE LIXO.	MANTER LIMPAS AS PRAIAS E RUAS.
USAR MÁSCARAS.	MANTER OS LUGARES LIMPOS.
RECOLHER FEZES DE ANIMAIS DE ESTIMAÇÃO.	DEIXAR A PASSAGEM LIVRE PARA AS PESSOAS COM MAIS PRESSA.
DEIXAR LIVRE O LADO ESQUERDO EM ESCADAS.	EVITAR CONTAMINAÇÃO POR VÍRUS E DOENÇAS.

2 AGORA, CONVERSE COM OS COLEGAS E O PROFESSOR SOBRE AS QUESTÕES A SEGUIR.

A. QUAL É O OBJETIVO DE CADA UMA DAS REGRAS MOSTRADAS NAS FOTOS DA PÁGINA ANTERIOR?

B. O QUE PODE ACONTECER SE AS REGRAS NÃO FOREM RESPEITADAS?

3 COMPLETE ESTA FRASE.

- REGRAS DE CONVIVÊNCIA SÃO IMPORTANTES PARA

4 AGORA, PENSE NAS REGRAS DE CONVIVÊNCIA QUE VOCÊ PRECISA RESPEITAR NO DIA A DIA. CONTE À TURMA QUAL É A IMPORTÂNCIA DE UMA DESSAS REGRAS.

BRINCAR EM TODA PARTE

AS PESSOAS VIVEM EM LUGARES COM DIFERENTES CARACTERÍSTICAS: ALGUNS LUGARES TÊM RIOS E MATAS. OUTROS TÊM MUITAS RUAS E PRAÇAS, POR EXEMPLO.

COM MUITO OU POUCO ESPAÇO LIVRE DISPONÍVEL, AS CRIANÇAS SEMPRE ENCONTRAM UM JEITO DE BRINCAR EM TODOS OS LUGARES. OBSERVE AS FOTOS E ACOMPANHE A LEITURA DO PROFESSOR.

▲ AS CRIANÇAS, ÀS VEZES, BRINCAM SOZINHAS, COMO ESSE MENINO QUE ESTÁ EM CASA JOGANDO *VIDEOGAME*, NO MUNICÍPIO DE PAULISTA, PERNAMBUCO. FOTO DE 2020.

CRIANÇAS BRINCAM ▶ DE BOLA NO CONDOMÍNIO DO PRÉDIO ONDE MORAM, NO MUNICÍPIO DE SÃO PAULO. FOTO DE 2020.

◀ MUITAS CRIANÇAS GOSTAM DE SOLTAR PIPA. PARA ESSA BRINCADEIRA, É PRECISO ESTAR EM ESPAÇOS ABERTOS. MUNICÍPIO DE SÃO PAULO DE OLIVENÇA, AMAZONAS. FOTO DE 2018.

◀ CRIANÇA INDÍGENA DA ETNIA KAMAIURÁ SE DIVERTE BRINCANDO EM LAGOA, NO MUNICÍPIO DE GAÚCHA DO NORTE, MATO GROSSO. FOTO DE 2019.

1 COM OS COLEGAS E O PROFESSOR, PREENCHA O QUADRO.

ONDE AS CRIANÇAS BRINCAM	FOTO
ESPAÇO ABERTO NA CIDADE.	
NO CONDOMÍNIO DO PRÉDIO.	
DENTRO DE CASA.	
NA LAGOA DA ALDEIA.	

PARA EXPLORAR

TERRITÓRIO DO BRINCAR
DISPONÍVEL EM: http://territoriodobrincar.com.br. ACESSO EM: 16 FEV. 2021.
NESSE *SITE*, VOCÊ VAI CONHECER BRINCADEIRAS DE CRIANÇAS DE VÁRIOS LUGARES DO BRASIL.

MEMÓRIA DE BRINCADEIRAS

A DIVERSÃO E O LAZER SEMPRE FORAM ATIVIDADES IMPORTANTES PARA AS PESSOAS. NO PASSADO, PERÍODO QUE OCORREU ANTES DO PERÍODO ATUAL, ADULTOS E CRIANÇAS CRIARAM JOGOS E BRINCADEIRAS QUE FORAM TRANSMITIDOS DE GERAÇÃO EM GERAÇÃO. ALGUMAS BRINCADEIRAS E ALGUNS BRINQUEDOS MUDARAM, MAS OUTROS AINDA PERMANECEM DO MESMO JEITO.

A PINTURA A SEGUIR É MUITO ANTIGA E REPRESENTA UMA BRINCADEIRA QUE AINDA FAZ PARTE DA DIVERSÃO DE MUITAS CRIANÇAS.

FREDERICK MORGAN. *CIRANDA*, 1885. ÓLEO SOBRE TELA.

1. QUE BRINCADEIRA VOCÊ IDENTIFICA NESSA PINTURA?

2. MOSTRE ESSA IMAGEM A UMA PESSOA MAIS VELHA QUE MORA COM VOCÊ. ESSA PESSOA BRINCAVA DESSE MODO?

3. DE QUAIS BRINCADEIRAS ELA COSTUMAVA BRINCAR QUANDO ERA CRIANÇA?

4. NO CADERNO, ANOTE OS NOMES DAS BRINCADEIRAS CITADAS PELA PESSOA E ONDE ELAS ACONTECIAM. ANOTE TAMBÉM OS BRINQUEDOS COM OS QUAIS ELA BRINCAVA E O TIPO DE MATERIAL DE QUE ESSES BRINQUEDOS ERAM FEITOS.

BRINCAR EM SEGURANÇA

OS ESPAÇOS ABERTOS FAVORECEM DIVERSAS BRINCADEIRAS, PORQUE NELES É POSSÍVEL SE MOVIMENTAR MAIS LIVREMENTE. OBSERVE ALGUNS CUIDADOS NECESSÁRIOS PARA BRINCAR EM SEGURANÇA EM ESPAÇOS ABERTOS.

▲ SOMENTE BRINQUE NA RUA SE SEUS PAIS DEIXAREM E SE NÃO HOUVER CIRCULAÇÃO DE VEÍCULOS, PORQUE VOCÊ PODE SE ENVOLVER EM UM ACIDENTE.

▲ NÃO SOLTE PIPAS EM LOCAIS ONDE HÁ FIOS DE ELETRICIDADE. SE A LINHA DA PIPA TOCAR NESSES FIOS, VOCÊ PODE LEVAR UM CHOQUE.

▲ SOMENTE ENTRE NA ÁGUA DE RIO, DE REPRESA OU DO MAR PARA BRINCAR SE ESTIVER USANDO BOIAS. VOCÊ TAMBÉM DEVE ESTAR SEMPRE ACOMPANHADO DE ADULTOS.

1. OBSERVE ESTA FOTO E CONVERSE COM OS COLEGAS SOBRE AS QUESTÕES A SEGUIR.

▲ CRIANÇAS BRINCAM DE AMARELINHA, EM SALVADOR, BAHIA. FOTO DE 2017.

A. AS CRIANÇAS ESTÃO BRINCANDO EM SEGURANÇA? POR QUÊ?

B. EM SUA OPINIÃO, QUE LUGAR SERIA MAIS ADEQUADO PARA AS CRIANÇAS BRINCAREM?

C. NO LUGAR ONDE VOCÊ VIVE, HÁ ESPAÇOS ABERTOS SEGUROS PARA BRINCAR? EXPLIQUE.

PESSOAS E LUGARES

BRINCADEIRA: GANGORRA CAVALO CEGO

MUITAS PESSOAS QUE VIVEM NO ESPÍRITO SANTO TÊM ANTIGOS PARENTES QUE VIERAM DA **POMERÂNIA**. MUITOS POMERANOS VIERAM PARA O BRASIL EM BUSCA DE MELHORES CONDIÇÕES DE VIDA E PARA TRABALHAR NO CAMPO. ISSO SIGNIFICA QUE ALGUNS HÁBITOS E COSTUMES DO LOCAL FORAM INFLUENCIADOS POR ELES.

OS POMERANOS SÃO PESSOAS QUE NASCERAM NA POMERÂNIA E SUA TRADIÇÃO ESTÁ RELACIONADA PRINCIPALMENTE AO CAMPO. NOS EVENTOS DE DANÇA E MÚSICA, OS POMERANOS COSTUMAM TOCAR INSTRUMENTOS COMO A **CONCERTINA**.

NO MUNICÍPIO DE SANTA MARIA DE JETIBÁ, NO ESPÍRITO SANTO, AS PESSOAS SE DIVERTEM COM UMA BRINCADEIRA DE TRADIÇÃO POMERANA. AS CRIANÇAS BRINCAM EM UMA GANGORRA CONHECIDA NO LOCAL COMO **GANGORRA CAVALO CEGO**. ESSE BRINQUEDO É FEITO DO TRONCO DA EMBAÚBA, UMA ÁRVORE MUITO COMUM NESSE LUGAR.

> **POMERÂNIA:** REGIÃO DA EUROPA QUE FICA ENTRE A ALEMANHA E A POLÔNIA, ONDE OS HABITANTES FALAM ALEMÃO E POMERANO.
>
> **CONCERTINA:** INSTRUMENTO MUSICAL QUE É SEMELHANTE A UMA SANFONA OU UM ACORDEÃO.

NA GANGORRA CAVALO CEGO, CADA CRIANÇA SENTA EM UMA DAS PONTAS PARA SUBIR, DESCER E TAMBÉM GIRAR, PROCURANDO EQUILIBRAR-SE PARA NÃO CAIR. É DIVERSÃO GARANTIDA!

OBSERVE AS FOTOS E LEIA AS LEGENDAS PARA ENTENDER COMO ESSE BRINQUEDO É CONSTRUÍDO.

◀ A BASE DA GANGORRA É FEITA DE UM PEDAÇO MENOR DO TRONCO DA ÁRVORE, QUE É PRESO AO CHÃO. SANTA MARIA DE JETIBÁ, ESPÍRITO SANTO. FOTO DE 2017.

▲ NO PEDAÇO MAIOR DO TRONCO (FOTO **2**), FAZ-SE UM BURACO NA METADE PARA ENCAIXÁ-LO NA BASE, SEM NENHUMA AMARRA (FOTO **3**). DESSE MODO, ESSE PEDAÇO FICA SOLTO PARA SE MOVIMENTAR PARA CIMA E PARA BAIXO E TAMBÉM PARA GIRAR (FOTO **4**). SANTA MARIA DE JETIBÁ, ESPÍRITO SANTO. FOTO DE 2017.

CRIANÇAS BRINCANDO NA ▶ GANGORRA CAVALO CEGO EM SANTA MARIA DE JETIBÁ, ESPÍRITO SANTO. FOTO DE 2017.

1 VOCÊ JÁ BRINCOU EM UMA GANGORRA? EXISTEM SEMELHANÇAS OU DIFERENÇAS ENTRE A GANGORRA QUE VOCÊ CONHECE E A GANGORRA CAVALO CEGO?

2 EXISTE ALGUMA BRINCADEIRA QUE SEJA MUITO COMUM NO LUGAR ONDE VOCÊ VIVE? QUAL É ESSA BRINCADEIRA?

3 VOCÊ CONHECE UMA BRINCADEIRA ANTIGA QUE SEJA COMUM ATÉ HOJE EM DIA? COMO É ESSA BRINCADEIRA?

APRENDER SEMPRE

1 A TURMA E O PROFESSOR DEVEM ESCOLHER UM ESPAÇO PÚBLICO PRÓXIMO DA ESCOLA PARA CONHECER. NO DIA AGENDADO, OBSERVE ESSE LOCAL E RESPONDA:

A. COMO É O ESPAÇO PÚBLICO ESCOLHIDO? MARQUE AS CARACTERÍSTICAS DELE COM UM **X**.

- ☐ TRANQUILO
- ☐ AGITADO
- ☐ BEM CUIDADO
- ☐ MALCUIDADO
- ☐ COM MUITA VEGETAÇÃO
- ☐ SEM VEGETAÇÃO

B. MARQUE COM UM **X** AS ATIVIDADES QUE AS PESSOAS FAZEM NESSE ESPAÇO PÚBLICO.

- ☐ CAMINHAR
- ☐ ANDAR DE BICICLETA
- ☐ TRABALHAR
- ☐ PROTESTAR

C. VOCÊ ACHA QUE ALGO DEVERIA SER TRANSFORMADO NESSE ESPAÇO? COMO ELE DEVERIA SER? NO CADERNO, FAÇA UM DESENHO DESSE ESPAÇO.

2 OBSERVE ESTA IMAGEM E RESPONDA ÀS QUESTÕES.

A. O QUE AS CRIANÇAS ESTÃO FAZENDO?

B. TODOS NÓS DEVEMOS CUIDAR DOS ESPAÇOS PÚBLICOS? POR QUÊ?

3 OBSERVE A IMAGEM A SEGUIR. DEPOIS, FAÇA O QUE SE PEDE.

A. MARQUE COM UM **X** AS TRÊS SITUAÇÕES QUE MOSTRAM ATITUDES QUE ATRAPALHAM O CONVÍVIO DAS PESSOAS NOS ESPAÇOS PÚBLICOS.

B. CONTORNE AS SEIS ATIVIDADES QUE AS PESSOAS PODEM FAZER NESSES ESPAÇOS.

ATÉ BREVE!

A CADA ANO ESCOLAR, VOCÊ E OS COLEGAS VIVENCIAM NOVAS APRENDIZAGENS. VOCÊ JÁ PENSOU O QUANTO APRENDEU NESTE ANO? PARA SABER ISSO, REALIZE A AVALIAÇÃO A SEGUIR.

1. É IMPORTANTE QUE TODAS AS COISAS E TODAS AS PESSOAS TENHAM UM NOME? POR QUÊ?

2. VOCÊ E SUA FAMÍLIA TÊM UMA HISTÓRIA. QUANDO A HISTÓRIA DA SUA VIDA COMEÇOU? O QUE ELA TEM DE PARECIDO COM A HISTÓRIA DA SUA FAMÍLIA?

3. QUAIS SÃO SUAS RESPONSABILIDADES EM CASA? E NA ESCOLA? E NA COMUNIDADE ONDE VOCÊ VIVE?

4. QUAIS SÃO AS DIFERENÇAS ENTRE A ESCOLA ONDE VOCÊ ESTUDA E A CASA ONDE VOCÊ MORA?

5. TODAS AS FAMÍLIAS SÃO IGUAIS? O QUE VOCÊ PENSA SOBRE ISSO?

6. TODAS AS MORADIAS SÃO IGUAIS? TODAS AS MORADIAS TÊM VÁRIOS CÔMODOS?

7. QUAIS SÃO OS PROFISSIONAIS QUE TRABALHAM NA ESCOLA? VOCÊ SABE QUAL É A FUNÇÃO DE CADA UM DELES? CONVERSE COM OS COLEGAS.

8. OS JOGOS E AS BRINCADEIRAS EXISTEM HÁ MUITO TEMPO. QUAIS SÃO OS SEUS FAVORITOS? COM QUEM VOCÊ APRENDEU?

9. SUA ROTINA DURANTE O DIA É DIFERENTE DE SUA ROTINA DURANTE A NOITE? CONVERSE COM OS COLEGAS E O PROFESSOR.

10 VOCÊ SE LEMBRA DE QUAIS FORAM AS PALAVRAS NOVAS QUE APRENDEU NESTE ANO? ESCOLHA TRÊS DELAS PARA ESCREVER A SEGUIR.

1. _____
2. _____
3. _____

11 DEPOIS DE UM ANO INTEIRO, VOCÊ JÁ CONHECE MELHOR O CAMINHO QUE VOCÊ FAZ PARA IR DA SUA CASA ATÉ A ESCOLA. FAÇA UM DESENHO PARA REPRESENTAR ESSE CAMINHO, DESTACANDO ALGUNS PONTOS DE REFERÊNCIA.

12 VOCÊS CRIARAM REGRAS SOBRE COMO AGIR E SE COMPORTAR NA ESCOLA? ELAS FUNCIONARAM? COMO FORAM ESSAS EXPERIÊNCIAS?

13 QUANDO VOCÊ E OS COLEGAS TINHAM OPINIÕES DIFERENTES SOBRE ALGO, COMO VOCÊS AGIAM PARA CHEGAR A UM ACORDO?

BIBLIOGRAFIA COMENTADA

Almeida, Rosângela Doin de. *Do desenho ao mapa*: iniciação cartográfica na escola. São Paulo: Contexto, 2001.
A obra trabalha diversos conceitos cartográficos no âmbito do ensino de Geografia para os anos iniciais do Ensino Fundamental.

Ariès, Philippe. *História social da criança e da família*. Rio de Janeiro: LTC, 1981.
Nesse livro, o medievalista Philippe Ariès analisa transformações sociais e comportamentais da família ao longo do tempo.

Bittencourt, Circe Maria Fernandes. *Ensino de história:* fundamentos e métodos. São Paulo: Cortez, 2018.
Nessa obra, Bittencourt aborda alguns dos diversos aspectos do processo de ensino e aprendizagem de História, levando em consideração os aspectos da tradição escolar, os impactos tecnológicos, os métodos e as perspectivas didáticas.

Brasil. Ministério da Educação. Secretaria de Educação Básica. *Base nacional comum curricular*: educação é a base. Brasília: MEC/SEB, 2018. Disponível em: http://basenacionalcomum.mec.gov.br/. Acesso em: 30 mar. 2021.
Um dos principais documentos de caráter normativo que regulam a Educação Básica no país, a Base Nacional Comum Curricular (BNCC) define e uniformiza as aprendizagens essenciais que devem ser desenvolvidas por todos os componentes curriculares em todas as escolas do país.

Burke, Peter (org.). *A escrita da história*: novas perspectivas. São Paulo: Ed. da Unesp, 2011.
Organizada por Peter Burke, a obra reúne artigos de historiadoras e historiadores de grande destaque em suas linhas de pesquisa, que apresentam as mais significativas tendências historiográficas da atualidade.

Cavalcanti, Lana de Souza. *Geografia, escola e construção de conhecimentos*. Campinas: Papirus, 1998.
O livro apresenta uma proposta pedagógica de ensino de Geografia com base na perspectiva socioconstrutivista, associando o cotidiano dos estudantes ao conhecimento geográfico.

Cavalleiro, Eliane. *Do silêncio do lar ao silêncio escolar*: racismo, preconceito e discriminação na Educação Infantil. São Paulo: Contexto, 2000.
Nessa obra, a pesquisadora de educação e relações raciais Eliane Cavalleiro apresenta uma análise crítica a respeito das diversas discriminações vivenciadas por crianças negras na escola.

Figueiredo, Marcio Xavier Bonorino. *A corporeidade na escola*: brincadeiras, jogos e desenhos. Pelotas: Ed. da UFPel, 2009.
Esse livro discute a corporeidade das crianças, ou seja, como elas reconhecem e lidam com os próprios corpos, e como é possível estimular o aprendizado por meio de jogos e brincadeiras.

Funari, Pedro Paulo; Piñón, Ana. *A temática indígena na escola*: subsídios para os professores. São Paulo: Contexto, 2011.
Considerada uma das grandes referências no ensino dessa temática, a obra problematiza a construção e a disseminação de estereótipos que invisibilizam as histórias e as culturas indígenas.

Le Goff, Jacques. *História e memória*. Campinas: Ed. da Unicamp, 2013.
A obra reúne diversos ensaios críticos nos quais o historiador francês Le Goff analisa e discute o conceito de história sob a perspectiva de diversas correntes e autores.

Montoito, Rafael; Leivas, José Carlos Pinto. A representação do espaço na criança, segundo Piaget: os processos mentais que conduzem à formação da noção do espaço euclidiano. *Vidya*, Santa Maria, v. 32, n. 2, p. 21-35, jul./dez. 2012.
Nesse artigo, os pesquisadores abordam, de acordo com a perspectiva piagetiana, as principais características das relações que compõem a representação do espaço nas crianças.

Pereira, Amilcar Araujo; Monteiro, Ana Maria (org.). *Ensino de história e culturas afro-brasileiras e indígenas*. Rio de Janeiro: Pallas, 2013.
O livro traz importantes subsídios para a o trabalho sobre as relações etnorraciais ao abordar a formação da sociedade brasileira por meio de uma perspectiva pluralista.

Priore, Mary del. (org.). *História das crianças no Brasil*. São Paulo: Contexto, 2010.
A obra reúne artigos de diversos pesquisadores que abordam o tema da infância, refletindo sobre a historicidade das crianças.

Santos, Milton. *Pensando o espaço do homem*. São Paulo: Edusp, 2004.
Nessa obra, o geógrafo Milton Santos aborda as transformações no espaço geográfico e nas paisagens causadas pela ação dos seres humanos.

Souza, Ana Lúcia Silva; Croso, Camila (org.). *Igualdade das relações étnico-raciais na escola*: possibilidades e desafios para a implementação da Lei n. 10 639/2003. São Paulo: Ação Educativa-Ceert; Petrópolis: Ceafro, 2007.
O livro apresenta uma reflexão a respeito da implementação da Lei n. 10 639/2003, buscando contribuir para o aprimoramento das políticas públicas relacionadas ao ensino de história e cultura afro-brasileiras nos ensinos Médio e Fundamental.

Vigotski, Lev Semenovich. *Pensamento e linguagem*. São Paulo: Martins Fontes, 2008.
No livro, Vigotski analisa o processo infantil de aquisição da linguagem e do conhecimento compreendendo-o como um sistema de categorias bem definidas, subordinando seu trabalho a uma clara orientação epistemológica.